50부터는 나를 위해 가꿉니다

50부터는 나를 위해 가꿉니다

나이 들수록 더 건강하고 품격 있는 사람들의 32가지 습관

_____
뽀따(김보연) 지음

비즈니스북스

50부터는 나를 위해 가꿉니다

1판 1쇄 인쇄 2021년 11월 17일
1판 1쇄 발행 2021년 11월 23일

지은이 | 김보연
발행인 | 홍영태
편집인 | 김미란
발행처 | (주)비즈니스북스
등 록 | 제2000-000225호(2000년 2월 28일)
주 소 | 03991 서울시 마포구 월드컵북로6길 3 이노베이스빌딩 7층
전 화 | (02)338-9449
팩 스 | (02)338-6543
대표메일 | bb@businessbooks.co.kr
홈페이지 | http://www.businessbooks.co.kr
블로그 | http://blog.naver.com/biz_books
페이스북 | thebizbooks
ISBN 979-11-6254-248-4   03190

비즈니스북스는 독자 여러분의 소중한 아이디어와 원고 투고를 기다리고 있습니다.
원고가 있으신 분은 ms1@businessbooks.co.kr로 간단한 개요와 취지, 연락처 등을 보내 주세요.

50, 내게 더 좋은 인생을
선물할 기회

가끔은 꿈인가 싶을 때가 있다. 50대 나이에 유튜브라는 생소한 영역에 도전해 20만 명에 가까운 구독자들과 소통하는 '뽀따 언니'로 살고 있을 줄이야. 불과 몇 년 전까지만 해도 상상조차 하지 못한 내 삶의 모습이다.

결혼하고 아이 키우던 30대 시절에는 인생이 일직선으로 쭉 뻗은 대로와 같을 거라고 생각한 적도 있었다. 순탄하고 안전한 그 길이 내가 걸어갈 인생길이리라 믿었다. 하지만 40대가 되고 깨달았다. 막상 걸어보면 평온한 길은 세상 어디에도 없다는 걸. 때로는 번개에 쓰러진 나무가 길 한가운데를 막아서고, 때로는 산사태로 끊긴 길을 만나기도 했다. 그렇게 험하고 고된 길을 나는 꽤 오랫동안 걸었다. 그 길을 겨우 버텨내 건널 수 있었던 건 딸과 가족들, 친구, 그리고 신앙의 힘 덕분이었다.

그리고 50 중반을 맞은 지금, 젊음은 지나온 길에 두고 왔지만 걸어온 삶의 한 걸음 한 걸음이 소중하고 감사하다. 구불거리고 그늘이 짙게 드리운 길을 또 만난다고 해도 이젠 더는 두렵지 않다. 나는 걸어온 그 길 위에서 더 강인해졌고 더 현명해졌다. 그런 믿음을 디딤돌 삼아 오늘의 삶도 도전을 계속한다. 내게 더 의미 있고 가치 있는 인생을 선물하고 싶어서, 유튜브를 통해 만나는 4060 젤리뽀('뽀따TV' 구독자를 부르는 애칭으로 '젤 이뻐'라는 뜻이다) 님들의 삶을 응원하는 뽀따 언니로 성장하기 위해서.

이제는 남이 아닌 나와 내 마음을 돌보는 시간

처음 책을 내보자는 제안을 받았을 때 고개를 저었다. 내 성격상 대충은 하지 못할 텐데. 지나온 시간을 모두 끄집어내 수십, 수백 번 반추하고 또 말하려는 이야기가 잘 전달될지에 대한 고민에 고민을 거듭하며 한 자, 한 자 쓰려고 할 텐데. 그 과정이 얼마나 힘들지 더럭 겁이 났기 때문이다.

하지만 젤리뽀들을 만나오며 깨달은 사실이지만 50이 되기까지 내가 살아온 이야기와 크고 작은 경험이 누군가에게는 말뿐인 위로보다 더 현실적이고 힘이 되는 응원이 될 수 있다는 생각에 용기를 내보기로 했다.

무엇보다, 나이 듦을 상실로 받아들이는 사람들에게 해주고 싶은 말이 있었다. 몸 여기저기가 아파 죽겠는데 그냥 갱년기라 그렇대요, 가정이나 직장에서 내 자리가 점점 쪼그라드는 것 같아 서글퍼요, 내 맘대로 움직여주지 않는 몸이 야속해요, 남편도 자식도 내 마음을 몰라줘서 외로워요…. 뽀따 TV로 이런 사연을 보내오는 여성들에게 우리는 더 나은 사람이 될 수 있다고, 더 아름다워질 수 있다고 말해주고 싶었다. '아름다움', '도전', '발전', '성장', '내일'과 같은 단어는 2030만의 전유물이 아니며 꿈꾸는 모든 사람, 그 소중함을 아는 간절한 사람의 것이라고 말해주고 싶었다.

지난 50년은 가족을 위해, 다른 사람들 눈치만 보며 살았다면 이제 남은 50년은 그동안 미루고 밀쳐두었던 나 자신과 내 마음을 살피고 돌보며 살자. 인생에 쓸 수 있는 모든 힘을 다 썼다고 생각하겠지만, 그렇지 않다. 더는 한 발자국도 못 움직일 것 같았던 내가 그 험하고 고된 길을 용기 내어 한 걸음씩 내디디고 끝내 여기까지 달려왔듯 누구라도 그렇게 자신만의 길을 개척할 수 있다.

진짜 나답게 살기 위해 50부터 가꾸며 살아야 한다

그러려면 50부터 달라져야 한다. 가장 나답게 살기 위해 얼굴도 마음도 가꾸며 살아야 한다. 이 책에 그 메시지와 뽀따만의 노하우를 차곡차곡 알차게 담았다. 제1장에서는 나이 듦을 마주하는 태도에 대해 이야기한다. 인생의 절반쯤 왔을 때 내 나이와 나 자신을 새로운 시선으로 바라보길 바란다. 지나온 세월은 나를 더 단단하게 만들어줄 지혜이자 근육과 같다. '이 나이에' 운운하며 번번이 우리를 주저앉히려는 세상의 구태의연한 시선에 맞서 내가 진정 무엇을 원하고 무엇이 되고 싶은지 내 마음을 들여다보자. 그래야만 끊임없이 배우고 두려움 없이 성장할 수 있다.

제2장에서는 가족에게 묶여 있는 시간을 지나 온전히 나를 위한 시간을 살아갈 때 필요한 마음공부를 제안한다. 누구에게 기대지 않는 의연하고 강한 마음을 가지려면, 남을 일으켜 세우고 자신을 성장시킬 힘과 내공을 기르려면 무엇보다 마음공부가 중요하다. 제3장에서는 내 몸과 건강을 보살피는 법을 말한다. 건강하고 아름답게 나이들 수 있도록 몸과 건강을 관리하고 가꾸는 뽀따만의 특급 노하우를 아낌없이 담았다.

제4장을 통해 앞으로 40년, 50년간 나 자신을 먹여 살리고, 또 나와 내 주변의 사람들을 행복하게 해줄 일을 찾는 것의 중요함을 이야기한다. 마지막으로 제5장에서는 서로를 공감하고 또 살아갈 힘과 의미가 되어주는 관계의 힘을 말한다. 나의 엄마, 언니들, 딸, 오랜 친구들, 그리고 젤리뽀들의 이야기를 통해

이 책을 읽는 독자들도 자신의 곁에 있는 존재를 떠올리며 관계에서 얻는 기쁨과 행복, 충만함을 다시금 깨닫길 바란다.

인생의 절반을 더 설레는 마음으로 건너기를

《50부터는 나를 위해 가꿉니다》에 등장하는 모든 사람에게 감사를 전한다. 오늘날의 뽀따가 있기까지 그들의 도움이 컸다는 사실을 언제까지고 잊지 않으려 한다. 참, 본문에는 언급하지 못했지만 이 자리를 빌려 감사를 전하고 싶은 소중한 사람들이 있다. 뽀따 TV의 정현주 실장과 이지원 팀장이다. 이들이 뽀따 TV를 든든하게 지켜주었기에 내가 이 책 집필에 몰두할 수 있었다. 이 두 사람은 내가 50대에 받은 가장 큰 선물이자 축복이다.

마지막으로 세상의 모든 4060 젤리뽀가 인생의 절반을 지나는 매 순간을 설레는 마음으로, 신선한 시선으로, 따뜻한 가슴으로 맞을 수 있기를 기도한다. 아직 경험하지 못한 더 좋은 시간, 더 많은 기회가 우리를 기다리리라 믿는다.

2021년 늦가을에
뽀따 김보언

차
례

제1장

50, 이 멋진 시간을
우아하게 즐기는 법

나이 들었으니
이제 좀 편히 살라는
사람들에게

요즘은 중년 여성들이 쓴 글을 열심히 찾아 읽는다. 내 또래 여성들이 자신의 삶을 어떻게 꾸려나가고 있는지 궁금해서다.

중년의 삶을 다룬 많은 글이 이제는 인생에서 가파른 산의 정상을 지났으니 주변 풍경을 즐기면서 천천히, 즐겁게 걸어가자고 말한다. 모든 의무와 역할에서 벗어나 홀가분하게 나만을 위해 살자고 한다. 더는 예쁘고 날씬해야 한다는 강박관념에 시달리지 말고 편한 대로 살자고도 한다. 화장하지 않은 민얼굴로 편안하게 생활하고 청소도 요리도 하고 싶을 때만 하면서 이제껏 채우기만 했던 살림을 비우고 더불어 마음의 집착도 비우면서 살자고 한다.

그런 글을 읽으면 나는 왠지 서운하다. 앞으로 40년, 50년을 더 살 수도 있다. 이제 겨우 인생의 절반을 살았을 뿐인데 왜 자꾸 내려놓고 비우라고 하는지 알 수가 없다. 다른 봉우리도 올라보고 싶고, 그 봉우리에선 어떤 풍경이 보이는지 너무나 궁금한데 왜 자꾸 내려가라고 등을 떠미나 모르겠다.

"오십 넘으면 그만 꾸미고 좀 편하게 살아도 되지 않나요?"

이런 질문을 받을 때도 비슷한 심정이 된다. 솔직하게 말하면 나는 편하게 사는 게 싫다. 편하게 살려고 하면 게을러지기 쉽다. 연구에 따르면 뇌는 원래 게으르다고 한다. 살던 대로 살고 생각하던 대로 생각하려는 게 뇌의 속성이다. 지금까지와 다르게 살고 생각하려면 그야말로 안간힘을 써야 한다. 편하게 살아보자는 마음으로는 지금껏 살아온 삶의 방식을 벗어나긴커녕 유지하기도 어렵다.

가끔 중년이 된 지인이 "내가 이 나이에 할 말, 못 할 말이 어디 있어?"라고 하는 걸 보면 괜히 서글퍼진다. 그 말 뒤에 이어지는 말이 '사랑한다', '고맙다', '미안하다', 이런 말이 아니라 가리고 삼가야 할 말, 상대를 상처 입히고 비난하는 말이라는 걸 알기 때문이다. 이제 나이도 들 만큼 들었는데 못 할 말, 못 할 짓이 뭐가 있냐며 이제는 마음 내키는 대로 살겠다고 한다.

이런 마음은 늙고 굳어버린 생각에서 나온다. 이런 사람은 나이 들수록 더 뻔뻔해지고 오만해지고 소통 불가능한 사람이 될 뿐이다. '이 나이'가 아니라 90세, 100세가 되어도 못 할 말, 못 할 짓은 있어야 한다.

내 안의 진짜 목소리에
귀 기울이기

머리뿐 아니라 몸도 부지런히 움직여야 덜 늙는다. 90세 이상 장수하는 사람들을 살펴보니 평생 운동과는 담쌓고 지냈어도 일상에서만큼은 몸을 부지런히 움직인다는 기사를 읽은 적이 있다. 가까운 거리는 걷고, 집안일을 말끔하게 하고, 위생 관리를 철저하게 하는 사람들이 장수한다는 이야기다.

살다 보면 "아이고, 집안일이고 뭐고 다 귀찮아. 남편도 애들도 신경 안 쓰고 이젠 편하게 살고 싶어."라는 혼잣말이 절로 나올 때가 있다. 이때 자기 속마음을 잘 들여다봐야 한다. 이젠 편하게 살고 싶다는 말이 정말로 손가락 하나 꼼짝하기 싫다는 말일까? 종일 누워서 TV나 보고 싶다, 침대에 널브러져 지내고 싶다, 이런 의미일까? 그보다는 평생 해온 집안일, 돌봄 노동, 직장 생활이 너무 지겨워서 벗어나고 싶다, 생산적이고 신나는 다른 일을 찾고 싶다, 이런 의미에 더 가깝지 않을까?

이젠 좀 편하게 살고 싶다는 말에 담긴 마음을 잘 들여다보지 않으면 내 마음인데도 오해하기 쉽다. 여기에 "오십 넘으면 편하게 지낼 때도 됐지." 같은 주변의 말까지 아무 생각 없이 받아들이면 그야말로 '중년 대참사'가 일어난다. 게으른 뇌가 시키는 대로 편안함만 추구하며 살다가 목표 의식도, 삶의 의미도 잃고 몸도 마음도 확 늙어버리는 것이다.

이젠 편하게 살고 싶다는 하소연은 사실 나 자신을 찾고 싶다는 외침이다. "그 나이에 뭐, 힘들게 살려고 그래. 그냥 편하게 살아."라며 세상이 나를 번번이 주저앉힐지라도 나만은 마음의 외침을 들어주어야 한다.

'나 자신을 찾고 싶어!'

'나는 더 발전하고 성장하고 싶어!'

이런 외침은 우리가 아직 오르지 못한 봉우리들에서 울려오는 메아리일지도 모른다.

이젠 덜 꾸미고 편하게 살라는 말의 속뜻

"오십 넘으면 그만 꾸미고 좀 편하게 살아도 되지 않나요?"

앞서 말했지만 이런 질문을 받으면 왠지 서운한 마음이 든다. 물론 젊은 시절 직업상 어쩔 수 없이 매일 화장하고 정돈된 머리를 연출하고 격식을 차린 옷차림으로 긴 세월 동안 출퇴근을 반복한 사람들이라면 공감이 되는 질문일지도 모르겠다.

그런데 사실 내 또래의 중년 여성들은 젊은 시절 원 없이 꾸며봤으니 이제 좀 안 꾸미고 편하게 살겠다는 사람보다는, 그때는 가꾸지 못했으니 이제라도 그렇게 살아보고 싶다는 사람이 훨씬 많은 것 같다. 특히 전업주부였던 여성들은 립스틱 하나살 돈, 마스크 팩 한 번 얹을 시간까지도 아껴가며 살아왔기에 더욱 그렇다.

물론 '그만 꾸미고 편하게 살라'는 말은 외모가 중요하지 않다는 의미가 아니다. 대개는 안 꾸며도 아름다워야 한다는 말과 동의어로 쓰인다. 중년 여성의 꾸미지 않은 민얼굴이란 곧 기미, 잡티, 크고 늘어진 모공, 깊은 주름이 없어야 한다는 뜻이다. 하지만 아무리 관리를 잘해온 여성이라도 얼굴에 세월의 흔적이 아예 없을 순 없다. 민얼굴이 흠결 없이 아름다워야 한다는 건 공부하지 말고 백 점 맞으라는 말과 다르지 않다. 꾸미지 말라면서 무결점의 민얼굴을 요구하는 이중적인 시선은 젊은 여성은 물론 중년 여성에게도 부담이고 억압이다.

나는 중년 여성이 그저 편하게만 살지 말고 조금 불편하더라도 가꾸고 살았으면 좋겠다. '민얼굴로 다니는 건 민폐다', '무슨 자신감으로 꾸미지도 않고 사냐' 같은 폭력적인 인식에 굴복하라는 이야기가 아니다. 메이크업은 남 보기 좋으라고 하는 포장이 아니다. 운동의 목적이 다이어트와 몸매 관리에만 있지 않듯 메이크업의 목적도 나를 보기 좋게 꾸미는 데만 있지 않다.

나이 들었으니
더 가꾸고 살겠습니다

가정 돌보랴, 일하랴, 정신없이 바쁘게 살다가 어느 날 우리는 덜컥 갱년기를 맞는다. 갱년기는 과속방지턱과 비슷해서 속도를 줄이지 않으면 큰 충격을 받는다. 그렇게 인생 전체가 덜컹 흔들리는 큰 충격을 받으면 좋든 싫든 잠시 멈춰 서서 자신을 돌아봐야 한다.

그렇게 보게 된 거울 속엔 어느새 중년이 되어버린, 나이 든 여성이 서 있다. 언제 이렇게 늙었을까? 얼굴의 선과 톤도, 모공 하나 보이지 않고 곱고 부드러웠던 피부도 참 많이 거칠어졌다. 새삼스럽고 낯설어서 더 오래도록 바라보게 된다.

많은 중년 여성이 바로 이런 순간에 뽀따TV를 만나게 되었다고 고백한다. 뽀따TV에서 소개한 계절별 메이크업을 따라 하면서 조금씩 피부를 관리하고 유행한다는 아이템도 한번 사보게 되었다고, 그러면서 서서히 변화가 시작되었다고 한다.

메이크업이라면 파운데이션 팡팡 두드리고 입술 칠하는 게 전부인 줄 알았는데 뽀따TV에서 배운 기술을 응용해보니 얼굴이 달라지더란다. 이런 놀라움은 곧 자신감으로 바뀐다. 완경 이후로는 아름다워질 수 없으리라 생각했지만 여전히 괜찮고 더 멋지고 근사해질 수 있다는 사실을 깨닫는다. 그러면서 내게 어울리는 컬러가 무엇인지, 내가 추구하는 스타일링은 무엇인지 하나하나 새로 알게 된다. 마치 나 자신과 연애를 시작하는 기분이 든다.

나도 달라질 수 있다는 사실을 깨달으면 삶의 태도에 마치 지진과도 같은 변화가 생긴다. 비단 메이크업뿐 아니라 뭐라도 새로 시작할 수 있을 것 같고 잘할 것 같은 용기가 생긴다.

'뽀따 언니 따라 메이크업을 다시 시작하면서 외모만 바뀐 게 아니라 인생 전체가 바뀌었어요.'

'이제 여자로서는 끝이라고 생각했는데 뽀따 언니 덕분에 활기와 자신감을 되찾았어요. 그리고 오랫동안 경력단절로 지내다 드디어 새로운 일도 시작했어요. 뽀따 언니, 저 축하해주실 거죠?'

'이제야 나를 돌보는 삶을 살게 되었어요. 다시 태어난 것 같아요.'

'솔직히 매일매일 우울했고 그 우울함이 깊어 죽고만 싶었어요. 인생의 낙도, 살아갈 이유도 없었는데 뽀따TV를 보면서 신기하게도 다시 살고 싶어졌어요.'

이런 사연들을 읽어보노라면 메이크업이 단순히 남들 눈에 잘 보이기 위한 행위가 아님을 알 수 있다. 메이크업은 여성에게, 특히 중년 여성에게 자신을 재발견하고, 사랑하고, 자신감과 용기를 갖고 더 성장할 수 있다는 확신을 주는 수단이요, 도구라는 걸 수많은 사연을 통해 알 수 있었다.

"오십 넘으면 그만 꾸미고 좀 편하게 살아도 되지 않나요?"

이제 이 질문에 명확하게 답할 때가 된 것 같다. 아니요, 오십 넘어도 꾸미며 살고 싶습니다. 가꾸며 살고 싶습니다. 조금 불편하더라도 남의 시선을 의식해서가 아닌 나 자신을 위해, 아직도 40년, 50년은 더 발전할 가능성이 있는 나 자신과 우리 중년 여성들을 위해 가꾸는 노력을 게을리하지 않을 겁니다.

나는
지금의 내가
참 좋다

신이 내게 선물을 풀어보라고 하셨다. 그 말씀에 이끌려 상자를 열었더니 또 상자가 나오고, 그걸 열었더니 또 상자가 나오고…. 그렇게 상자 열아홉 개를 열자 마침내 아주 작은 상자가 나타났다. 나는 그것이 마지막 상자임을, 그 안에 엄청난 보석이 들었음을 직감했다. 떨리는 손으로 상자를 열었더니 그 안에는 바로 '나 자신'이 들어 있었다.

어쩌면 나는 백마 탄 왕자를 기대하고 있었던 건 아닐까? 밑바닥까지 추락한 나를 구해줄 누군가가 상자 속에서 나타나기를 간절히 바랐던 건 아닐까? 아니면 가슴팍에 달 빛나는 보석을, 나를 단번에 이 고통에서 건져내 존귀하게 만들어줄 그런 보석을 갖고 싶었는지도 모르겠다.

그런데 내 인생을 구원할 백마 탄 왕자가 모든 걸 잃어버린 나라고? 가장 빛나는 보석이 바로 아무것도 가진 것 없는 나라고? 나는 고개를 힘껏 저었다. 그럴 리 없다고 부정했다. 나는 아무것도 아닌데, 이렇게나 보잘것없고 힘이 없는데, 내가 어떻게 보석이고 백마 탄 왕자라는 건지 이해가 되질 않았다.

나는 신이 주신 선물을 거부하고 외면하고 싶었다. 나 자신을 선물로 받아들일 준비가 되어 있지 않았다. 인생 밑바닥까지 추락한 나를, 그렇게 될 줄도 모르고 교만했던 나를 도무지 보석이나 백마 탄 왕자로 인정하고 받아들일 수가 없었다. 하지만 신은 이 비참하고 어리석은 나를 기다리고 기다려주셨다.

"근심하는 자 같으나 항상 기뻐하고, 가난한 자 같으나 많은 사람을 부요하게 하고, 아무것도 없는 자 같으나 모든 것을 가진 자로다."(고린도후서 6장 10절)

어느 날 성경의 이 말씀이 벼락처럼 나를 찾아왔다. 뽀따TV를 시작하면서 인생의 새로운 의미를 막 찾아가던 즈음이었다. 성경에서 이 말씀을 읽자마자 와락 눈물을 쏟았다. 나는 근심 많고 가난하고 가진 것도 없지만 사실은 늘 기뻤고 이미 모든 걸 가지고 있었구나. 내가 보석이고 백마 탄 왕자구나. 그제야 나는 신이 주신 선물을 품에 안을 수 있었다. 바로 나 자신이 스무 겹의 선물 상자를 열고 또 열어 얻은 보석임을 감사한 마음으로 받아들였다.

평온하고 안락한 삶에서 밀려나 낭떠러지로 떨어진 경험이 있었기에 나는 마음이 풍성한 빛나는 보석이 될 수 있었다. 낭떠러지 끝 가느다란 나뭇가지 하나에 의지해 밤새 아프게 휘몰아치는 폭풍우를 견뎌내고, 상처투성이인 손으로 끝끝내 낭떠러지를 기어오른 경험이 있었기에 누군가에게 위로와 용기와 눈물을 나눠 줄 수 있는 백마 탄 왕자가 될 수 있었다.

그 시절을 견뎌낸 쉰다섯의 나는 스무 살의 나보다 강하고 서른 살의 나보다 단단하며 마흔 살의 나보다 현명하다. 그래서 나는 지금의 내가 좋다. 아니, 지나온 모든 시절의 내가 좋다.

인생이라는 책을
중반까지 읽은 나이

한창 젊은 시절에는 나이 듦에 대해 오해하기 쉽다. 10대 때는 20대가 되기만 하면 내 인생에 근사한 일이 생길 줄 알았다. 30대가 되면 인생이 더는 혼란스럽지 않고, 40대가 되면 삶의 질서가 잡히며 50대가 되면 너그럽고 자유로운 마음으로 인생을 관조하게 될 줄 알았다. 그리고 60대가 되면….

문득 떠오르는 드라마 대사가 있다. 20대 초반의 주인공이 청춘의 가슴앓이가 힘겨워 내뱉은 대사였는데, 대충 이런 내용이었다.

"눈을 감았다 뜨면 한 예순 살쯤 되어 있으면 좋겠어."

당시엔 꽤 공감했던 것 같은데 예순이 얼마 안 남은 지금 이 대사를 곱씹어보니 느낌이 참 이상하다. 아마 어린 시절의 나는 예순 살 정도 되면 인생의 희로애락에서 완전히 벗어나 목석 같은 삶을 산다고 생각했나 보다. 그러나 사람의 나이란 나무의 나이테처럼 선명하게 구획이 나뉘지 않는다. 나이 든다고 해서 삶을 대하는 태도가 계단형으로 레벨 업되지도 않는다.

그래도 다행인 건 지금 내 나이가 싫지만은 않다는 점이다. 어릴 때 막연히 상상했던 것처럼 너그럽고 초월한 마음으로 인생을 관조하는 50대가 되진 못했다. 하지만 이제는 내가 누구인지, 어떻게 살아야 하는지, 무엇을 추구하며 살아야 하는지는 점점 더 명확해진다.

혼란스럽고 어려운 책을 절반 가까이 읽은 기분에 빗댈 수도 있을 것 같다. 아무리 지루한 책도 일단 절반을 넘기면 그때부터는 재미가 느껴지고 작가가 전달하려는 의미가 무언지도 감이 온다. 쉰이라는 나이도 책의 중반부와 비슷해서 일상이 주는 소소함의 즐거움과 가치를 깨달아 감사하게 되고, 삶의 의미와 목적이 점점 실제 삶의 언행과 일로 드러난다. 삶의 방향 또한 분명해진다. 인생의 후반부에 혹시 또 놀라운 반전이 전개된다고 할지라도 나는 이제 그 안에 숨겨진 반전의 반전 같은 궁극적 축복을 예상할 수 있다.

나이 듦은
상실이 아니라 기대다

누군가에게 나이 듦이란 끊임없는 상실일지도 모른다. 젊음을 잃고, 사랑을 잃고, 친구를 잃고, 나 자신을 잃는 상실. 자식들은 성장해 하나둘 품을 떠나고, 힘들어도 불평 없이 움직여주던 몸도 이제 내 것 같지 않다. 언젠가부터 세상은 너무 빨리 달아나 좇을 수가 없고, 거울 속엔 부쩍 늙어 낯설어진 내 얼굴만이 있을 뿐이다.

이런 나를 데리고 앞으로 수십 년을 어떻게 살까? 갑자기 앞길이 막막하고 두려워진다. 눈을 돌려 지나온 길을 되돌아본다. 어떤 눈물로도 씻어낼 수 없는 상처, 어떤 한숨으로도 털어낼 수 없는 회한과 다시 마주한다. 우리는 모두 그런 상처와 회한을 끌어안고 여기까지 왔다. 그렇게 쉴 새 없이 책장을 넘겨 인생이라는 책의 중반에 이르렀다.

이제는 그 책의 주인공인 나 자신을 이해하고 사랑해줄 때도 되지 않았나 싶다. 내가 그랬듯 당신도 신에게서 받은 선물 상자가 있음을 떠올려주길 바란다. 열고 또 열고 열아홉 번을 열어 나오는 선물 상자 안에 세상에서 가장 빛나는 보석, 당신이 들어 있음을 받아들이길 바란다.

원하는 만큼 시간을 되돌려 젊어질 수 있다면 몇 년 전으로 돌아가고 싶을까? 한 연구 결과에 따르면 몇십 년을 거슬러서 20대나 30대로 돌아가고 싶다는 사람은 그리 많지 않다고 한다. 대부분은 지금보다 딱 네다섯 살 정도만 젊어지면 좋겠다고 한다. 그 말은 정말 그 나이로 돌아가고 싶다는 게 아니라 컨디션이나 건강이 딱 그만큼만 좋아졌으면 좋겠다는 말일 것이다.

나이 들어서 좋다고 하는 사람은 드물다. 대개는 힘들고 외롭다고 한다. 그런데도 다시 20대나 30대가 되고 싶진 않다고 생각하는 건 왜일까? 생의 어떤 길목에서 신이 주신 선물 상자를 풀어봤기 때문이다. 가장 깊숙이 숨겨놓은 보석이 바로 자신임을 그래서 지금의 내가, 20대, 30대, 40대를 지나온 내가 생의 그 어떤 순간보다 강하고 단단하며 현명하다는 걸 알았기 때문이다.

나도 지금이 가장 행복하다. 누군가 내게 20대의 젊음을 준대도 나 역시 고개를 저을 것이다. 지금까지 나를 통과한 모든 시간과 그 시간이 만들어낸 나 자신을 이제는 사랑하게 되었기 때문이다.

살아 있는 한 인생의 모든 잡음이 순식간에 '음소거'되는 그

런 평화는 없을 것이다. 예순 살에도 나는 여전히 어떤 부분에
선 소리 내며 변화와 성장을 위해 몸부림칠지도 모른다. 하지만
그런 예순 살도 괜찮을 것 같다. 나이 듦은 상실이 아니라 내가
얼마나 빛나는 보석인지 더 깊고 넓게 확인하는 과정이 될 테니
까. 인생의 남은 책장을 기대감을 잃지 않고 끝까지 읽어내는
일이 될 테니까.

당신도
'나이 감옥'에
갇혀 있나요?

영화를 자주 보진 않지만 패션 관련 영화는 꼬박꼬박 챙겨 보는 편이다. 최근에는 〈에밀리, 파리에 가다〉를 여러 번 반복해 봤는데 주인공 에밀리의 다채로운 패션을 감상하는 재미가 아주 쏠쏠했다. 그런데 이보다 더 많이 본 영화가 있다. 이제껏 열 번은 넘게 봤고 앞으로도 몇 번은 더 볼지도 모르는 영화, 바로 〈악마는 프라다를 입는다〉다.

패션지의 화려한 세계가 배경인 이 영화는 볼 때마다 아이디어와 영감이 샘솟는다. 앤디 역을 맡은 앤 해서웨이가 패션 매

거진 〈런웨이〉에 입사해 빠르게 적응해나가는 모습도 재미를 주지만 특히 편집장 미란다로 분한 메릴 스트립의 패션이 시선을 사로잡는다. 촬영 당시 55세였다고 하는데 입고 나오는 의상마다 어찌나 섹시하고 우아하게 소화해내는지 눈을 떼기 어려울 정도다. 카리스마 넘치는 은발과 볼드하고 청키한 감각적인 액세서리, 칼같이 선이 잡힌 블랙 팬츠와 재킷, 아찔한 스틸레토 힐까지, 머리부터 발끝까지 완벽한 스타일링이다.

영화 캐릭터라 가능한 패션이겠지만 전체적으로 톤만 조금 누그러뜨리면 실생활에서도 얼마든지 응용할 수 있을 것 같다. '아유, 이 나이에 어떻게'라는 마음의 장벽만 뛰어넘을 수 있다면 말이다.

요즘 내 또래 여성들을 보면 그래도 어머니 세대보다는 패션이나 메이크업으로 개성을 드러내려는 욕구가 강한 편이다. 그런데도 조금만 과감해 보인다 싶으면 손사래부터 친다.

"이 나이에 그런 옷을 어떻게 입어?"

"아유, 이 나이에 그런 색깔을 어떻게 발라?"

"그런 건 애들한테나 어울리지, 이 나이에 입으면 나잇값 못한다고 타박받아."

그러고 보면 40대부터는 나이를 부정적으로 여기는 경우가 많은 것 같다. 40대 이후로는 매력이 있을 수도, 아름다울 수도 없다. 그리고 뭔가를 새로 배우기도 어려워진다. 무능력해지고 열정이 사라지며 실수가 잦고 몸도 예전 같지 않다. 유행을 따라잡기도 힘들지만 실은 이도 저도 다 귀찮다.

자기 나이를 이런 식으로 규정하면 패션뿐 아니라 삶의 거의 모든 영역에서 자신감이 사라질 수밖에 없다. 100세 시대를 맞아 인생 2막을 준비해야 한다고 말은 하면서도 막상 새로운 공부나 도전을 앞두고는 '이 나이에'라는 핑계를 대며 뒤로 물러선다. 이 나이에 공부는 무슨, 이 나이에 무슨 부귀영화를 보겠다고, 이 나이에, 이 나이에…. 마치 옴짝달싹하기 어려운 감옥에 갇혀 사는 것 같다. 가둔 사람 없이 스스로 기꺼이 갇히는 '나이 감옥' 말이다.

'나이 감옥'에서 빠져나오면
마법이 일어난다

얼마 전 신문에서 흥미로운 기사를 읽었다. 예일대학교와 버클리대학교 연구진이 61~99세 노인 100명을 대상으로 나이에 대한 고정관념이 우리 몸에 어떤 영향을 미치는지 연구했다는 내용이었다. 실험에서 연구진은 일부 노인들에게 '원기 왕성', '탄탄한 몸', '창조적인' 같은 단어가 빠르게 지나가는 컴퓨터 화면을 3주간 보게 했더니 그렇지 않은 노인들보다 걷기나 의자에서 일어나기 등의 신체 능력이 향상되었다고 보고했다.

한번은 라디오에서 이런 이야기도 들었다. 실험을 위해 70대 후반에서 80대 초반 남성 여덟 명을 선발해 외딴 마을에서 6박 7일간 지내게 한 이야기다. 그런데 그 마을은 시간을 20년 전으로 되돌린 듯한 공간이었다. TV에서는 20년 전 영화와 뉴스가 방송됐고 라디오에서는 20년 전 유행가가 흘러나왔다. 숙소에 비치된 야구 잡지도 20년 전 것이었다. 집안일은 간병인 도움 없이 노인들 스스로 하도록 했다. 일주일 후 실험 결과는 놀라웠다.

거의 모든 노인의 신체 나이가 20년 젊어졌다. 시력, 청력, 악력은 물론이고 기억력과 지능까지 50대 수준으로 되돌아갔다. 이야기를 듣고 궁금해서 인터넷으로 더 알아보니 1979년 하버드대학교의 엘렌 랭어Ellen Langer 교수가 주도한 '시계 거꾸로 돌리기'Counterclockwise study라는 매우 유명한 실험이라고 한다.

우리는 나이에 관한 수많은 고정관념에 둘러싸여 살고 있다. 때로는 나 자신이 만든 나이 감옥에 기꺼이 갇히기도 한다. 그런데 이런 연구들은 우리가 나이에 관한 고정관념을 떨치고 나이 감옥에서 빠져나오기만 하면 마법 같은 일이 벌어진다고 알려준다. 시간을 되돌린 듯 나이를 거슬러 젊어지고 건강해지고 총명해질 수 있다고 말이다.

"요즘 사람 나이를 옛날 사람과 똑같이 쳐서는 안 되고, 살아온 햇수에 0.7을 곱하는 게 제 나이다."

고故 박완서 작가의 말이다. 오늘날 우리나라 여성의 기대 수명이 86세라고 하니 박완서 작가의 나이 계산법이 합당한 것도 같다. 이 계산법에 따르면 올해 내 나이는 38세다!

한번 상상해봤다. 내가 정말로 38세라면 어떨까? 엽기 떡볶이를 먹어도 속 부대낄 걱정 없고, 오래 앉아 있다가 갑자기 일어나도 "아이고!" 소리가 절로 안 나오고, 휴대전화 볼 때마다 미간을 찌푸리며 고개를 뒤로 뺄 일도 없을 것이다. 30대로 되돌아간다는 상상만으로 왠지 몸이 가뿐해지고 눈이 밝아지는 기분이다. 세상에 못 할 일도, 두려울 일도 없다는 자신감이 차오른다. 그리고 무엇보다 '이 나이에'라는 말은 입 밖에 내긴커녕 머릿속에 떠올리지도 않을 것 같다.

나이는 그냥
나이일 뿐이니까

윤여정 배우가 얼마 전 제93회 아카데미 시상식에서 여우조연상을 받았다. 그녀가 드레스 위에 시크하게 걸친 꼼데가르송 항공 점퍼도 덩달아 유명해졌다. 원래 20대 남성용 점퍼라는데 성별과 나이에 구애받지 않고 어떤 옷이든 근사하게 소화해내는 그녀가 더욱더 멋져 보인다.

누군가는 그녀가 연예인이니까 혹은 날씬하니까 그렇게 당당할 수 있다고 생각하겠지만 내 생각은 조금 다르다. 그녀는 자기 나이를 편안하게 받아들일 줄 아는 사람 같다. 나이를 편안하게 받아들인다는 건 나이는 그냥 나이일 뿐임을 안다는 것이다. 나이에 얽매여 나이 탓을 하지 않는다는 뜻이기도 하다. 만일 그녀가 '이 나이에'라는 말을 입에 달고 사는 사람이었다면, 그래서 새로운 도전을 두려워하고 나잇값 운운하는 사람들 때문에 옷 한 벌 마음대로 못 입는 사람이었다면 일흔이 넘어 두 번째 전성기를 맞지는 못했을 것이다.

요즘의 2030 세대는 세상이 정한 취업할 나이, 결혼할 나이, 부모 될 나이를 거부하고 자신만의 시간표대로 인생을 설계한다고 한다. 젊은 사람들에게 배울 건 배워야 한다. 우리도 할 수 있다. 50대는 이래야 하고, 60대는 저래야 한다는 세상의 고정관념에서 얼마든지 벗어날 수 있다.

만일 "이 나이에 무슨!" 하면서 손사래 친 일이 있다면 그 일을 지금 당장 해보자. 메릴 스트립이 그랬던 것처럼 슬릿이 아찔하게 들어간 스커트를 입어보는 건 어떨까? 오랜 숙제였던 운전면허증 따기는? 몸에 착 달라붙는 운동복을 입고 운동을 시작하는 건? 애들이고 남편이고 훌훌 떨쳐버리고 제주에서 한 달 살아보는 건 어떨까?

나이가 몇 살이든 지금보다 더 당당해질 수 있다. 더 우아하고 아름다워질 수 있다. 더 배울 수 있고 현명해질 수 있다. 자기 자신을 나이 감옥에 가두지만 않으면, '이 나이에'라는 핑계로 뒷걸음치지만 않으면 매일매일 더 성장해서 더 멋진 사람, 더 좋은 사람이 될 수 있다.

나이 감옥에서 나온다는 건 '나이 때문에' 아무것도 못 했던 내가 '나이 덕분에' 무엇이든 할 수 있는 나로 변화하는 일이다. 새로운 시선으로 보는 세상은 결코 전과 같지 않을 것이다.

중년도 성장한다,
끊임없이 배우고
도전하자

병환으로 10년째 누워 계시는 86세 우리 엄마가 문자를 보내셨다. 얼마 전 찾아뵈었을 때 "뽀따야, 나도 문자 쓰는 거 배워볼까?" 하시더니 드디어 보내신 것이다! 반가운 마음에 문자 메시지함을 열어보니 화면에 자음 하나가 덜렁 떠 있었다.

'ㅈ'

다른 사람은 몰라도 나는 안다. 엄마는 자음 하나에 이런 마음을 담으셨을 것이다.

'뽀따야, 사랑한다.'

이튿날 엄마가 또 문자를 보내셨다. 내 이름 '보연'을 난데없이 '봉연'으로 개명하시긴 했지만 나머지 문장은 완벽했다. 사랑한다고, 아무리 바빠도 밥 잘 챙겨 먹어야 한다고, 손녀딸 지원이가 많이 보고 싶다고, 그렇게 당신 마음을 절절하게 표현하셨다.

우리 엄마 홍순희 여사는 책을 많이 읽으신다. 독서 팟캐스트 '미세스 홍파이어의 쓰고 단 이야기'의 주인장이기도 하다. 발동은 역시나 우리 집 행동 대장인 둘째 언니가 걸었다. 엄마에게 종일 누워만 계시면 적적하실 테니 좋아하는 책 이야기를 휴대전화에 녹음해 보내달라고, 그러면 편집해서 팟캐스트에 올려드리겠다고 한 것이다. 누운 채로 북 스탠드에 책을 끼워 읽으시는 엄마가 이제는 독서 팟캐스터까지 되시려나 했는데, 아무래도 힘이 드셨는지 11번째 에피소드를 마지막으로 더는 업로드를 못 하셨다.

세상 바뀌는 속도가 워낙 빠르다 보니 가끔은 '이 나이에 그걸 언제 배워서 어디에 써먹어' 하는 생각이 든다. 하지만 그럴 때마다 엄마를 떠올린다. 10년째 누워 계신 엄마가 책을 읽고 휴대전화 녹음 버튼을 누르고 그 파일을 둘째 언니에게 전송하는 모습, 문자 쓰는 법을 배워 우리에게 사랑한다고 손가락에 힘을 줘가며 문자를 보내는 모습을 상상한다. 기껏 녹음한 파일을 통째로 날려 다시 녹음해야 할 때도 있고, 오타투성이인 문자를 거듭 수정하기도 한다. 그렇지만 끊임없이 배우고 또 배운다. 누워 계신 엄마에게 보이는 세상은 한없이 좁을지 몰라도 엄마의 마음은 늘 넓고 먼 데를 향해 있다.

그래서 86세 홍순희 여사는 오늘도 자란다. 끊임없이 성장 중이다. 나는 언제나 엄마 같은 사람이 되고 싶었다. 최근 10년 간은 더욱 그렇다.

나도 이제 늙었나 싶을 때 돌아봐야 할 것들

친구가 마트에 장을 보러 갔는데 가지가 눈에 띄지 않더란다. 문의하려고 판매원을 부르고 보니 갑자기 '가지'라는 단어가 떠오르질 않았다. 2~3초간 입만 뻐끔거리던 친구는 난데없이 이렇게 물었다.

"그거, 뭐죠? 길쭉한 보라색 채소 있잖아요. 쪄 먹기도 하고 볶아 먹기도 하는 거요. 여름에 나는 거."

"가지요?"

"네, 가지요! 그거 어딨어요?"

가지 사러 갔다가 난데없이 스무고개를 하고 돌아온 친구의 마트 무용담은 "이제 나도 늙었나 봐."라는 한탄으로 끝을 맺었다.

나도 종종 그럴 때가 있다. 아이가 문자로 보낸 줄임말이 외계어처럼 느껴질 때, 사라졌던 TV 리모컨을 엉뚱한 곳에서 발견할 때, 생방송 중에 특정 단어가 떠오르질 않아 머릿속이 간질간질할 때 '나도 늙었나 보다' 생각하면서 혼자서 쓴웃음을 짓는다.

아직은 이런 실수를 웃고 넘길 수 있지만 더 나이 들어 이런 일을 자주 경험하면 자신감을 잃고 움츠러들 것 같다. 어쩌면 실수할 게 두려워 뭔가를 배우려는 시도를 아예 못 할 수도 있다. 내 주변에도 지금껏 해오던 방식만 고집하고 새로운 방식은 아예 쳐다도 보지 않으려는 중년이 심심찮게 보인다. 그들이 하는 하소연은 대체로 이렇다.

"우리 애들이랑 남편은 내 말은 무조건 잔소리래."

"요즘 젊은 애들이랑은 말이 안 통해. 나더러 맨날 빤한 소리만 한단다."

오늘도 이런 푸념을 늘어놓았다면 아이들, 남편, 부하직원을 원망하기 전에 먼저 나 자신을 돌아보자. 왜 그들에겐 내 말이 잔소리로 여겨질까? 왜 젊은 사람들과 말이 통하지 않을까? 혹시 내가 하는 말이 몇십 년째 똑같기 때문은 아닐까? 어느새 나는 전혀 새롭지 않은, 구태의연한 생각만 하는 사람이 돼버린 건 아닐까?

매일 하나씩, 나에게
새로운 경험 선물하기

잠시 시간을 거슬러 예전에 아이들 키웠을 때를 돌아보자. 바쁜 와중에도 우리는 끊임없이 아이들에게 뭔가를 보여주려고 했고 어딘가로 데려가곤 했다. 책도 읽히고 음악도 들려주고 이것저것 만져보게 하고 미술관이나 박물관에 데려가고 친구 많이 사귀라며 온 동네 꼬마들을 집으로 초대하기도 하고…. 우리가 그런 노력을 기울인 이유는 새롭고 다양한 경험이 아이의 뇌를 키우고 성장시킨다는 걸 잘 알았기 때문이다.

그런데 새롭고 다양한 경험이 아이의 뇌만 성장시킬까? 놀랍게도 중년의 뇌 역시 아이의 뇌와 마찬가지로 새로운 자극과 경험을 통해 성장한다. 즉 어른도 새로운 환경, 새로운 음식, 새로운 생각, 새로운 정보를 접하면 뇌신경 세포에 변화가 생긴다.

이는 우리 엄마 홍순희 여사만 봐도 알 수 있다. 엄마처럼 열린 마음으로 뭔가를 받아들이고 배우려 하면, 두려움을 떨치고 새로운 일에 도전하려 하면 그 마음은 아무리 세월이 흘러도 늙지 않는다. 엄마의 주름살과 흰머리는 늘어도 엄마의 마음과 생각은 정체되거나 굳지 않고 늘 맑고 새롭다.

이제 아이 키우던 정성을 우리 자신에게 쏟아보면 어떨까. 아이와 미술관에 자주 다녔다면 나에게도 미술관 경험을 안겨주

자. 책을 많이 읽혔다면 나에게도 책을 읽히자. 아이에게 친구를 만들어주려 했다면 나에게도 새로운 친구를 만들어주자.

하루에 하나씩, 어제는 하지 않은 새로운 경험을 나에게 선물해보자. 카페에서 낯선 디저트 주문하기, 새로운 요리에 도전하기, 새로운 길로 산책하기, 요즘 유행하는 휴대전화 앱 깔아보기 등 뭐라도 좋다. 작은 돌멩이 하나가 잔잔한 호수에 파동을 일으키듯 일상의 작은 도전들이 내 생각과 행동, 마음가짐에 변화를 가져온다.

얼마 전 인터넷에서 호서대 명예총장 고 강석규 박사님이 95세에 쓴 수기를 읽었다. 박사님은 은퇴한 65세부터 95세까지 30년 동안 '남은 인생은 덤'이라는 마음으로 허송세월했다면서 그렇게 살아온 걸 후회한다고 하셨다. 그러면서 10년 후 맞이할 105번째 생일에는 95세에 아무것도 시작하지 않은 것을 후회하지 않도록 어학 공부를 하겠다고 하셨다. 강석규 박사님은 103세에 노환으로 별세하셨다. 95세에 결심하신 대로 여생을 후회 없이 보내셨을 것이다.

95세의 나는 어떤 수기를 쓰고 어떤 후회와 결심을 할까? 그때의 내 인생은 배움과 도전에 대한 후회 없이, 사람들과의 나눔과 사랑도 후회 없이 풍성한 삶으로 가득했으면 좋겠다.

갱년기라는
멋지고 근사한
기회

마흔아홉 살쯤으로 기억한다. 갑자기 초고온 전기장판을 오려 붙인 것처럼 등이 후끈거리고 땀이 뻘뻘 나다가 난데없이 얼음장을 댄 듯 춥고 으슬으슬 떨려오는 증상이 반복됐다. 죽을 만큼 피곤하고 힘든데 잠이 오질 않았다. 퇴근길 신호등 앞에서 와락 눈물이 터지는 일도 있었다. 어, 내가 왜 이러지? 죽을병에라도 걸렸나. 겁이 덜컥 났다. 병원에 갔더니 전형적인 갱년기 증세라고 했다.

알고 보니 언니 셋은 이미 경험한 일이었다. 큰언니는 호르몬의 급격한 변화로 슬프고 우울해져서 형부 곁에서 울었다고 했다. 둘째 언니는 열감, 홍조, 가슴 두근거림, 손발 저림 등 복합적인 증세로 힘들었다고 했다. 아침에 일어나면 손이 퉁퉁 부어 주먹이 쥐어지지 않았고, 갑자기 열이 훅 오르면서 가슴이 두근두근하기 시작하면 어쩔 줄을 몰라 밖으로 나가 걸으며 운동으로 극복하고자 애썼단다. 셋째 언니는 갑작스러운 이상 증세에 놀라 암 검사까지 받았고 무엇보다 우울하고 무기력하고 불안해서 견딜 수 없이 힘들었다고 했다.

젤리뽀님들이 DM이나 댓글로 호소한 갱년기 증세는 이보다도 더 다양하고 심각했다. '너무 무기력해서 손 하나도 꼼짝하지 못하겠어요', '온몸이 아픈데 병원에 가도 병명이 안 나와요', '뭘 해도 즐겁지 않아요', '남편도 딸아이도 내가 얼마나 아픈지 알아주지 않아요', '인생이 허무해요' 등.

대체 갱년기가 뭐길래 이토록 온몸을 휘젓고 마음을 헤집고 일상을 뒤집어놓는 걸까? 의학적으로 갱년기는 노화로 난소 기능이 퇴화하고 월경이 멈추면서 심리적·신체적 변화를 겪는 시기로서 대개 폐경 전후 4~5년의 기간을 가리킨다. 월경이 멈추면서 혈관 운동 조절에 변화가 생겨 안면홍조, 식은땀, 가슴 두근거림 등의 증세가 나타나고 이에 따라 불면증이 생기기 쉽다. 또 자율신경계의 균형이 깨져 극심한 불안감과 우울감이 오는데 '갱년기가 사춘기 이긴다'는 말이 있을 만큼 그 정도가 심한 경우가 많다.

셋째 언니가 갱년기 우울증으로 힘들어할 때 둘째 언니가 이런 말을 했다고 한다.

"은희야, 갱년기는 우울증이 아니라 질문이야. 너는 우울한 게 아니라 자신에게 질문하고 있는 거야. 앞으로 어떻게 살고 싶으냐고."

둘째 언니 말대로 갱년기는 몸이 던지는 질문인지도 모르겠다. 잘 봐, 변화가 시작되고 있어. 아이를 품고 낳고 기르는 몸에서 온전한 너만의 몸으로 바뀌고 있어. 그러니 전과는 다르게 살아야 해. 자신을 돌보고 보살펴야 해. 이젠 너 자신에게 집중할 때야. 네가 원하는 삶이 뭐지? 어떻게 살고 싶니?

나는 '갱년기는 질문'이라는 둘째 언니의 정의에 '기회'라는 한 단어를 보태고 싶다. 그러니까 '갱년기는 질문이자 기회'다. 통증이 없으면 병의 존재를 알아차리기 힘들듯이 갱년기가 없으면 이제까지와 다르게 살 이유를 찾지 못한다. 그런 의미에서 갱년기는 삶을 변화시킬 기회이기도 하다. 몸이 던지는 엄중한 질문에 진지하게 답을 찾고자 한다면 이제까지의 나를 고수해선 안 된다. 반드시 달라져야 한다. 갱년기는 내 의사와는 상관없이 갑자기 들이닥쳤지만 그것이 상처만 남길지, 변화로 이어질지는 이제 내 손에 달렸다.

첫 번째 마음 마사지 **내 인생의 기상도 만들기**

앞으로 어떻게 살고 싶으냐는 몸의 질문에 답하려면 지금까지 어떻게 살아왔는지, 나는 어떤 사람인지부터 돌아봐야 한다. 그리고 지금까지 나를 데리고 사느라 힘들었던 내 마음을 가만가만 어루만지고 토닥여주어야 한다. 다시 말해 '마음 마사지'를 해주어야 한다.

마음 마사지는 두 단계로 진행할 수 있다(52쪽 참고). 첫째, 지난날을 돌아보되 과거의 일이 내게 미친 영향을 직관적으로 알아볼 수 있도록 날씨에 비유해 표현해본다. 말하자면 '내 인생의 기상도'를 만들어보는 것이다. 둘째, 그 기상도를 바탕으로 내가 어떤 사람이며 무얼 원하는지 구체적으로 적어본다.

먼저 내 인생의 기상도를 만드는 방법은 다음과 같다. 0세부터 현재 나이까지 10년 단위로 적고 그 옆에 10년간 자기 삶이 어땠는지 세 종류의 날씨로 표현해본다. 햇빛 쨍쨍, 보슬비, 폭우, 안개, 미세먼지 많음, 태풍, 맑음, 흐림, 소나기, 천둥 번개, 쓰나미, 지진, 우박 등 다양한 표현이 가능할 것이다.

이해를 돕기 위해 내 이야기를 예시로 들려주자면 이렇다. 나는 딸만 내리 셋인 집안의 넷째 딸로 태어났다. "설마 이번엔 아들이겠지 또 딸이겠어?" 하셨다는 친할머니의 기대를 저버리고 또 딸로 태어난 나는 탯줄이 잘리자마자 빨간 보자기에 싸여 윗목으로 밀려났다고 한다. 다섯 살 때는 투견에 물려 정신을 잃었다가 하루 만에 깨어났다. 이후 밤마다 경기를 일으키고 아침에 일어나면 이불 아래가 젖어 있었다. 몸이 약해지니 성격도 덩달아 의기소침해졌다. 그래서 0~10세 때 내 인생의 기상도는 '흐림, 안개, 비' 정도가 될 것 같다.

학창 시절에는 식구들로부터 격려와 지지를 많이 받았다. 초등학교 때 나는 몸이 약해 수업을 빼먹기 일쑤였다. 그래서 공부든 뭐든 딱히 잘하는 게 없었는데도 부모님은 무조건 뽀따가 최고라고, 참 잘했다고 칭찬해주셨고 언니들도 몸이 약한 나를 은근히 챙겨주었다. 그림 숙제를 하다 깜빡 잠이 들었는데 깨보니 언니들이 나 대신 그림을 완성해놨던 일도 있었다. 식구들의 관심과 사랑 덕에 이 시기부터는 볕 잘 드는 곳에서 자란 화초처럼 건강해지고 성격도 명랑해졌다. 그래서 11~20세의 인생 기상도는 '맑음, 청량함, 산들바람'이다.

20대 초반에는 풋풋한 첫사랑도 해보고 그 사랑에 실패해 눈물도 흘려봤다. 20대 중반을 넘어서는 사랑하는 남편을 만나 결혼을 하고 세상에서 가장 귀한 지원이를 얻었다. 그래서 21~30세의 인생 기상도는 좀 변화무쌍하다. 햇빛이 찬란했다가 갑자기 천둥 번개가 치더니 언제 그랬냐는 듯 무지개가 뜨고 햇살이 비추는 날씨로 표현될 것 같다.

31~40세는 폭풍, 파도, 쓰나미가 휘몰아친 시기였다. 한바탕 쓰나미가 휩쓸고 간 폐허를 바라보는 내 뒷모습을 마치 꿈에서 본 듯, 그 시기는 지금도 마음에 그림처럼 남아 있다.

그러다 41~50세에 온갖 기상재해가 한꺼번에 일어났다. 지진, 허리케인, 토네이도가 맹수처럼 내 삶을 찢어 삼켜버렸다. 낭떠러지 끝에서 가느다란 나뭇가지 하나로 버티고 있는 내 몸 위로 폭풍우가 채찍처럼 몰아쳤다. 고백하면 사실 나는 포기하고 싶었다. 끝이 없을 것 같은 이 상황이 너무도 고통스러워서 차라리 그냥 손을 놓아야 벗어날 수 있을 것만 같았다.

그때 내 등에 매달린 지원이가 떠올랐다. 정신이 번쩍 들었다. 우리 지원이가 있는 한 나는 살아야 했다. 이를 악물고 버텼다. 등이 휘고 어깨는 찢겨나갈 듯하고 손은 통증으로 신음 소리가 절로 났지만 지원이의 엄마로서 나는 포기하면 안 되었다. 영겁 같은 시간이 흐르고 마침내 폭풍우가 멈췄을 때 나는 등에 지원이를 무사히 매달고 낭떠러지에서 기어 올라왔다.

51세부터 지금까지는 폭풍우가 물러난 하늘에 서서히 햇빛이 비치기 시작하고 있다. 아직 50대를 다 살아내진 않았지만 이제 세상 어떤 바람이 휘몰아친대도 견디고 이겨낼 힘이 어느 정도 생겼다. 나는 내 인생의 폭풍우를 통과한 생존자다.

내 인생의 기상도를 유튜브 콘텐츠로 만들면서 참 많이 울었다. 나처럼 각자 인생의 기상도를 적다가 눈물을 쏟는 여성이 많을 것이다. 자기 연민이라고 해도 좋다. 애들 키우느라, 남편 눈치 보느라 꾹꾹 눌러 삼켰던 감정을 모조리 꺼내 들여다보자. 감추고 누르기만 했던, 안쓰러웠던 나를 이제라도 바라봐주자. 과거의 나를 한 번은 깊이 만나주자.

지나온 인생길에서 폭풍우 한번 만나지 않고 오로지 순항만 해온 인생이 어디 있을까. 그러니 우리는 모두 생존자다. 잘 살아남았다고, 이제껏 잘 달려왔다고 우리 자신을 다독여주어야 한다. 너 그때 그 일로 참 힘들었지. 그래도 잘 견뎠어. 정말 애썼어. 다른 사람은 몰라줘도 나만은 나 자신이 얼마나 대견한 사람인지 알아줘야 한다. 한 번은 꼭 깊이 안아줘야 한다.

내 인생의 기상도를 적어가다 보면, 갱년기가 나를 힘들고 아프게 한 것이 아니라 그간 힘들고 아팠지만 깊이 묻어둔 것을 끄집어내 마주 보게 해주었다는 사실을 알게 된다. 바로 여기가 시작점이다. 이제는 앞으로의 50년을 꾸려갈 궁리를 해야 한다. 나는 어떤 사람으로 어떻게 살아가길 원하는지 두 번째 마음 마사지를 통해 알아보자.

두 번째 마음 마사지 **완경 이후의 삶
그리기**

첫 번째 마음 마사지가 내 인생의 기상도를 만들어 지난 삶을 돌아보는 것이었다면, 두 번째 마음 마사지는 완경 이후의 삶을 상상해보는 것이다.

완경 이후 나는 어떻게 살고 싶은가? 어렵다면 어려운 질문이라 선뜻 답이 나오지 않을 것이다. 답을 더 쉽게 찾으려면 '어떻게 살고 싶을까'라는 다소 거창한 질문을 소소한 질문으로 바꿔봐도 좋다. 내가 하고 싶은 일은 무엇일까? 내가 배우고 싶은 것은 무엇일까? 나는 어떤 일을 할 때 행복할까? 내가 중요하게 생각하는 가치는 무엇일까? 내가 이루고 싶은 꿈은 무엇일까? 내가 정말로 원하는 삶은 무엇일까? 이렇게 구체적인 질문으로 나눠서 해봐도 좋다.

나는 다행히도 내가 사명이라고 생각하는 일을 하고 있다. 뽀따TV를 통해 꿈을 이루고 내게 중요한 가치도 좇고 있다. 그래도 하고 싶은 일의 목록은 나날이 길어져만 간다. 요즘은 미용 기술을 배우고 싶다. 특히 커트 기술을 잘 배우고 익혀서 미용실 가기 어려운 환자분이나 어르신들에게 도움이 되고 싶다. 친한 헤어 디자이너 선생님에게 조언을 구했더니 그 정도는 한 달만 열심히 배우면 가능하다고 한다. 뽀따TV 일이 손에 더 익고 안정되면 짬을 내서 꼭 시작하리라 다짐하고 있다.

마음 마사지 영상을 보고 수많은 젤리뽀 님이 완경 이후 어떻게 살고 싶은지 댓글을 달아주었다. '어릴 때 못 배웠던 피아노를 배우고 싶어요', '네일아트 숍을 열고 싶어요', '요리를 좋아해서 예약제로 운영하는 작은 식당을 열고 싶어요', '대학원에 진학하고 싶어요', '운동을 열심히 해서 20대 때보다 더 멋진 몸매를 만들래요', '영어를 꼭 배워보고 싶어요', '일주일에 책 한 권은 꼭 읽으며 살래요', '다시 직장 생활에 도전할래요', '옷가게를 해보고 싶어요', '봉사 활동을 하고 싶어요', '남편이랑 바쁘다는 핑계로 서로 소홀했던 관계를 회복하고 함께 여행 다니며 살고 싶어요' 등. 댓글을 하나하나 읽어나가노라면 그 수많은 꿈이 막 기지개를 켜는 광경이 눈에 보이는 것만 같다.

어렸을 때 우리는 초경이 시작되면 몸단속 잘하라는 엄포부터 들었다. 그렇게 자랐지만 엄마가 되어서는 다른 선택을 했다. 딸들에게 이제 너도 여자가 되었으니 몸조심하라고 으름장을 놓는 대신 초경 파티를 열어 축하해준 것이다. 우리는 우리의 딸들에게 지금 몸의 변화는 두렵고 수치스러운 게 아니라 자연스럽고 자랑스러운 거라고, 여자로 살아갈 인생을 응원하고 축복한다고 말해주었다.

이제 그 응원과 축복을 우리 자신에게 돌려주자. 갱년기의 변화는 두렵고 수치스러운 게 아니라 자연스럽고 자랑스러운 거라고, 완경 이후 더 멋진 여성으로 살아갈 나 자신을 응원하고 축복한다고 말이다. 이 글을 읽고 있는 모든 여성을 꼭 안아드리고 싶다. 나는 당신들이, 우리가 정말로 자랑스럽고 자랑스럽다.

인생 기상도 그리기

이제껏 살아온 시간을 되돌아보고 그 느낌을 괄호 안에 날씨로 표현해봅니다. 햇빛 쨍쨍, 안개, 미세먼지 많음, 우박, 보슬비, 쌀쌀함, 태풍, 맑음, 흐림, 소나기, 천둥 번개, 쓰나미, 지진, 폭풍우, 파도 등 무엇이든 좋습니다. 내 느낌과 비슷한 날씨를 골라 세 개 정도 적어보세요.

날씨를 적는 동안 몰랐던 나를 만나면 안아주고 격려하고 칭찬해주세요. 지금까지 여성으로 사느라 고생 많았던 자신에게 수고했다고 말해주세요.

- 0~10세
- 11~20세
- 21~30세
- 31~40세
- 41~50세
- 51~60세
- 61~70세
- 71~80세

완경 이후의 삶 적어보기

완경 이후 어떻게 살고 싶은가요? 먼저 아래 질문에 차근차근 답해보세요. 단어 하나, 문장 한 줄, 어떤 형식이든 좋아요.

- 내가 정말 하고 싶은 일은 (   )이다.
- 내가 정말 배우고 싶은 것은 (   )이다.
- 내가 중요하게 생각하는 가치는 (   )이다.
- 나를 행복하게 만드는 일은 (   )이다.
- 내가 진정 원하는 삶은 (   )이다.
- 내가 진정 이루고 싶은 꿈은 (   )이다.

인생의 무게중심이
'나'에게서
'우리'로 옮겨 갈 때

책을 좋아해서 서점 나들이를 자주 하는 편이다. 최근에는 아픈 마음을 보듬어주는 책이 많이 나오는 것 같다. 중년이 넘었으니 이제 남들 눈치 그만 보고, 남들 배려도 그만하고, 나 좋을 대로 나 자신만을 위해 살아보라는 내용이 눈에 많이 띈다. 타인 때문에 힘들고 고단한 사람이 그만큼 많다는 뜻이라고 짐작하면서도 한편으로는 고개가 갸웃해진다. 남들 상관하지 않고 나 좋을 대로만 살면 정말 행복해질지 의구심이 들어서다.

나는 20대부터 결혼 후 3~4년까지 아픈 남동생을 보살피며 살았다. 아주 어릴 적, 자다가 꿈을 꾸었는데 꿈속에서 동생을 잃어버렸다. 엄마에게 혼날 거라는 두려움과 동생을 영영 찾을 수 없을지 모른단 불안감에 애가 닳도록 동생을 찾았다. 내가 업고 있었으면 잃어버리지 않았을 텐데. 내가 손 꼭 잡고 있었으면 놓치지 않았을 텐데. 발을 동동 구르며 눈물이 범벅이 된 채로 꿈에서 깼다.

내가 초등학교 5학년 때 남동생은 초등학교 1학년이었다. 남동생은 일찍 수업을 마치면 곧장 집으로 가지 않고 우리 교실 창문에 매달려 "누나, 누나!" 하고 나를 불렀다. 마침 그 시간이 점심시간이라 나는 내 도시락의 밥과 반찬을 한 숟가락씩 떠서 누나만 바라보고 있는 동생에게 먹이곤 했다. 지금도 그때를 떠올리면 누나의 도시락을 맛있게 받아먹던 동생이 생각나 절로 입가에 미소가 지어진다. 너무 귀여웠던 내 동생, 착하고 총명했던 동생이었다.

나중에 내가 서울로 대학을 오기 전까지 우리는 막내딸과 막내아들로 가장 긴 시간을 부모님과 함께 지냈다. 그런 남동생이 고등학생이 되면서 많이 아프기 시작했고 대학에 들어가서는 혼자 다닐 수도 없이 악화되어 내가 동생의 등하교에 동행해야 했다. 동생이 수업을 듣는 내내 나는 강의실 밖에서 동생을 기다렸다. 기다리는 동안 캠퍼스에서 활기차기 뛰어다니는 대학생들을 보며 와락 눈물을 쏟은 적도 많았다. 동생도 저들처럼 웃으며 뛰어다니는 날이 올 수 있기를, 나는 간절히 기도하고 기도했다.

하나뿐인 동생 우재는 그렇게 내 인생의 아주 중요한 부분이 되어 지금까지도 나의 가슴 깊은 곳에 박혀 있다. 늘 보고 싶고 그리운 내 동생. 다행히 지금은 건강하게 미국에서 교수로 학생들을 가르치며 사랑하는 아내와 아들, 딸과 함께 자기 몫의 삶을 잘 감당하며 살고 있다. 시간을 되돌린다고 해도 그 시절 동생을 돌보고 동생을 위해 눈물로 기도한 내 무릎은 여전히 쉬지 않을 것 같다.

나 역시 어린 20대였기에 때로는 힘들고 도망치고 싶었다. 하지만 만일 그때 도망치고 뿌리쳤다면 후회했을 것이다. 나만을 위해 살았다면 영원히 행복해질 수 없었을 것이다.

나의 작은 헌신이 남동생을 살게 한 동시에 지금의 뽀따를 만들었음을 의심하지 않는다. 그런 시절이 있었기에 젤리뽀 님들의 사연을 읽고 내 일인 듯 울고 웃고, 끼니도 잊어가며 간절히 답장을 쓰는 지금의 뽀따가 될 수 있었다. 누군가를 위해 나의 소중한 뭔가를 기꺼이 내주는 행위, 그것은 '헌신'이 아니라 그 무엇과도 바꿀 수 없는 '축복'이라고 나는 믿는다.

사람이란 한없이 이기적인 것 같지만 동시에 한없이 이타적이기도 하다. 숟가락 들 힘조차 없던 우울증 환자도 반려견을 만나 사랑하게 되면 먹이고 씻기고 병원에 데려가고 산책하기 위해 온 힘을 짜낸다. 자신을 위해서는 엄두도 못 낼 일을 다른 누군가를 위해서는 기꺼이 하는 존재, 그런 모순투성이가 바로 사람이다.

아이가 태어나고 첫 3년은 헌신이 축복임을 너무나 실감하는 시기다. 상상 이상으로 힘들지만 동시에 너무나 행복해서 나 좋을 대로 살고 싶다는 생각 따위는 할 겨를이 없다. 그런데 중년이 되면 왜 다들 생각이 달라질까? 왜 식구들이고 뭐고 다 싫고 나 편한 대로, 나 좋을 대로 살아보고 싶어지는 걸까? 예전에는 행복하며 기꺼이 했던 일이 왜 지금은 의무로 느껴지고 버겁기만 할까?

아마도 그간 많이 힘들었기 때문일 것이다. 헌신에 대한 보답이 돌아오지 않는다고 느껴서일 수도 있다. 보람을 잃었으니 계속해나갈 원동력이 사라졌다고 생각할 수도 있다. 하지만 모든 의무에서 벗어나 자신만을 위해 산다고 더 행복해질까. 관계를 포기하고도 우리는 과연 행복해질 수 있을까.

한때 사랑했던 사람들이 지긋지긋해지는 진짜 이유

'이젠 지쳤어. 더는 식구들을 위해 살지 않아. 이제부턴 나만을 위해 살 거야!'

이렇게 결심하기 전에 내 안을 깊이 들여다보면 좋겠다. 왜 식구들을 위해 살지 않겠다고 결심하게 되었을까? 왜 그들을 대하는 감정이 원망으로 바뀌었을까? 그들이 내 뜻대로 되지 않아서 원망하고 미워하는 것은 아닐까?

'내가 이렇게까지 뒷바라지했는데 왜 우리 남편은 옆집 남자처럼 잘나가질 못해?'

'내가 족집게 선생 찾으러 다니고 엄마들 모임에도 나가고 학원까지 차로 실어 나르길 12년이나 했는데, 왜 우리 애는 명문대를 못 가?'

'내가 매번 밑반찬도 해주고 김치까지 해주는데 왜 우리 며느리는 나만 보면 얼굴이 뚱해?'

내가 이렇게까지 노력하고 헌신하는데 그 누구도 내 뜻대로 움직여주질 않으니 원망스럽고 미울 수밖에 없다. 그런데 그 숱한 세월 나의 노력과 헌신이 정말로 가족을 위한 것이었을까? 남편을 위해 헌신했다면서 사실은 나의 허영심을 채우려 했던 건 아닐까? 아이의 수능 성적표를 나의 인생 성적표로 여겼던 건 아닐까? 며느리가 원하지도 않은 음식을 해주고 좋은 시어머니라는 인정을 받아내고 싶었던 건 아닐까?

우리가 아이를 키우면서 행복했던 건 아무런 기대도 없었기 때문이다. 누구도 갓난아기더러 명문대에 가야 한다고 말하지 않는다. 그저 잘 자고 잘 먹고 잘 싸길 바랄 뿐이다. 그것만 잘

해줘도, 그저 건강하게 곁에 있어만 줘도 감사하다고 여긴다. 그런데 아이가 조금만 자라면 '사랑의 대상'에서 '기대의 대상'이 된다. 내가 들인 시간과 노력에 합당한 결과를 아이가 내주길 기대한다.

어쩌면 우리는 자신마저 속이고 있었을 것이다. 이제는 진실을 마주할 시간이다. 그동안 식구들 머리에 왕관 씌워주려고 사는 줄 알았는데 사실은 내 왕관을 만들고 있지는 않았는지, 그 왕관 한번 쓰자고 남편은 성공하라 닦달하고 아이는 공부하라 다그친 건 아니었는지….

아이의 대표적인 특징은 자기중심성이다. 자기가 사탕을 좋아하면 엄마도 당연히 사탕을 좋아하리라 생각한다. 어른이 되어 성숙해진다는 건 그런 자기중심성에서 벗어난다는 뜻이다. 내가 원하니까 아이도, 남편도 당연히 원할 거라는 자기중심적인 생각을 버리고 상대방 관점에서 생각할 줄 알아야 진짜 어른이 되었다고 할 수 있다.

입장 바꿔 생각해보라는 말이 너무 흔하고 낡아 마음에 와닿지 않는다면 색다른 이미지 트레이닝을 제안한다. 내 가슴에 꽂힌 작은 마이크를 남편 가슴, 아이 가슴에 옮겨 달아준다고 상상해보자. '아이 때문에 너무 힘들어'라는 생각이 들 때마다 내 가슴에 달린 마이크를 아이 가슴에 옮겨 다는 상상을 하는 것이다. 그러면 크게 들리던 내 목소리의 볼륨이 잦아들고 비로소 아이의 목소리가 들리기 시작한다. "엄마 나도 힘들어요. 노력 중이에요. 조금만 그냥 바라봐주면 안 돼요?"

이렇게 상대의 목소리에 귀를 기울이면 '그래, 나만 속상한 게 아니라 성적 못 올리는 너도 정말 힘들었구나', '나만 속상한 게 아니라 승진 안 된 당신은 얼마나 힘들었을까?' 하고 헤아리는 마음이 된다. 그렇게 무게중심이 '나'에서 '우리'로 옮겨 간다.

타인을 기대의 대상이 아닌 사랑의 대상으로 대할 때, 갓난아기나 반려견을 사랑하듯 아무런 조건을 달지 않고 기대 없이 사랑할 때 나의 헌신은 축복이 된다. 그러면 남들 눈치 안 보고 나 편한 대로 살겠다는 생각은 어쩌면 가장 편안할 수 없는 굴레 안으로 스스로 들어가는 것이 될 수도 있다.

나는 죽을 때까지 남들 눈치도 보고 배려도 하고 불편함을 감수하면서 살고 싶다. 헤아리는 마음도 잃고 싶지 않다. 타인과의 관계를 포기하고서 행복해질 수 있다고 스스로를 속이지도 않을 것이다. 우아한 왈츠를 추듯 나에게서 상대로, 다시 상대에게서 나로 삶의 중심을 그때그때 옮겨 가면서 풍성하게 살겠다. 어쩌면 이것이 나이 듦의 품격이 아닐까.

제2장

품위 있게 나이 들고 싶다면
지금부터 마음공부

마음에도
메이크업이
필요한 이유

요즘 부쩍 늙은 것 같아 너무 우울하다는 사연을 가끔 접한다.

'욕실에서 거울 볼 때마다 슬퍼요. 갑자기 훅 나이 든 것 같아요.'

'체력이 달리고 몸이 예전 같지 않아요. 하루하루 늙어가는 것 같아요.'

'카페에서 멍하니 앉아 있는 모습을 친구가 사진 찍어 보내줬는데, 처음에는 나인 줄도 몰라봤어요. 이 여자가 나라고? 왜 이렇게 늙어 보여? 너무 충격이었어요.'

나도 이젠 늙었나 하는 생각이 들면 가장 먼저 하는 일이 외모 점검이다. 염색을 할까, 립스틱을 새로 사볼까, 콜라겐을 먹어볼까, 헬스장에 다녀볼까, 피부과에 가볼까…. 다 좋다. 이런 방법들을 성실하게 실천하면 실제로 노화 속도를 늦출 수도 있고 외모가 달라지면서 활기를 되찾아 확실히 젊어 보일 수 있다.

그런데 50대 이후로는 이런 방법만으로는 뭔가가 부족하다. 운동으로 군살을 잡고, 피부과 시술로 주름살과 모공을 없애고, 메이크업으로 화사한 느낌을 줄 수는 있어도 늙어가는 내면을 방치하면 외모에 쏟는 노력이 허사가 된다. 외모에서만 노화의 흔적을 지우려 하지 말고 내면도 잘 살펴야 한다.

마음이 늙어가는 줄은 모르고 외양에만 지나치게 신경 쓰면 말 그대로 요란한 소리를 내며 굴러가는 빈 수레같이 보일 수 있다. 내면이 늙고 초라해지면 겉모습을 아무리 젊게 가꾸고 화려하게 꾸민다 해도 그저 가볍게만 보일 뿐이다. 우리 채널의 캐치프레이즈가 '얼굴(몸)도 마음도 예뻐지는 뽀따TV'인 이유도 여기에 있다.

요즘 부쩍 늙어 보인다면 얼굴뿐 아니라 내면에도 메이크업이 필요하다는 신호로 받아들여야 한다. 내면을 건강하고 젊게 만드는 메이크업, 이것을 나는 '마음 메이크업'이라고 부른다.

나만의 마음 메이크업,
'성품 일지' 쓰기

내가 가장 좋아하는 시간은 잠에서 깨어 첫 끼니를 먹기 전의 두세 시간이다. 이때 아무도 없는 조용한 식탁에서 '성경 묵상의 시간'(성경 묵상이란 말씀과 기도로 하나님과 일대일로 만나 교제하는 시간이다)을 갖는다. 서른 살부터 지켜온 루틴이자 나만의 마음 메이크업 방법이다.

일단 자리에 앉으면 어제 묵상한 후 정리해둔 기도문을 다시 한번 읽어본다. 그리고 어제 내가 한 일, 내뱉은 말들과 행동들을 내가 기록한 기도문을 통해 점검한다. 왜 그런 행동을 했을까? 그렇게 행동한 내 저의는 무엇이었을까? 혹시 나 자신을 앞세우려는 교만한 마음이 숨어 있진 않았을까?

그렇게 내면의 숨은 동기를 돌아본다. 어느 날은 깨닫고 결단한 대로 실천하고자 했던 부분을 실제 행동으로 옮겼을 때의 기쁨을 누리기도 하고, 어느 날은 '어제의 말씀이 아니었다면 어제 그 상황에서 그렇게 행동하지 않고 내 마음대로 판단했을 텐데 말씀 때문에 참을 수 있었고, 그렇게 행동할 수 있었구나' 생각한다. 또 어느 날은 말씀대로 실천하지 못하고 고집스러웠던 생각과 행동을 되돌아보며 깊이 성찰한다.

이렇게 어제의 기도문을 통해 어제의 삶을 돌아보는 시간을 가진 뒤에는 오늘 읽을 성경 본문을 펼쳐 꼼꼼히 여러 버전으로 읽는다. 그러면 아무리 마음이 복잡하고 어려운 상황이라고 해도 어느새 나의 마음은 깊은 안정감과 평안을 얻는다. 참 신기한 일이다. 오늘 이 문제는 어떻게 해결해야 할지, 상대방과 논의해야 할 부분들은 또 어떻게 하는 게 좋을지 길을 찾게 된다. 이렇듯 참된 성경 묵상의 시간은 반드시 내면과 행동의 변화를 가져온다.

이는 성경 속의 글자를 단순히 문자로 읽는 것이 아니라 성경을 통해 말씀하시는 하나님을 인격적으로 만나는 일이다. 성경 묵상의 핵심은 말씀이신 하나님, 말씀하시는 하나님을 일대일로 만나는 '만남'에 초점이 있다.

나는 이 만남을 통해 깨달은 교훈들을 구절별로 정리해서 노트에 기록한다. 그리고 이렇게 받은 말씀들을 일상의 삶과 일터에서 어떻게 적용할 것인지도 적는다. 기록은 힘이 있다. 읽고 또 읽어도 기록의 힘을 능가하진 못한다. 기록은 마음에 새긴 말씀을 실제 삶 속에서 행동으로 옮길 수 있도록 돕는다. '뛰어난 기억력보다 흐릿한 잉크가 정확하다'라는 말은 언제 들어도 고개가 끄덕여진다.

나는 기독교인이라 묵상과 성경 읽기를 하고 있지만 비종교인도 이와 비슷한 방법으로 얼마든지 마음 메이크업을 할 수 있다. 일단 나의 내면을 들여다볼 시간을 확보해야 한다. 혼자 조용히 있을 수 있는 시간을 찾아보자. 식구들이 늦게까지 깨어 있다면 한밤보다는 나처럼 오전을 활용하는 것이 좋다.

식구들이 밀물처럼 빠져나가고 나면 식탁이나 책상에 앉아 눈을 감고 어제의 나를 돌아보자. 어제 나는 어떤 생각을 하고 어떻게 행동했는가? 대체로 나이가 들수록 나 자신을 중심에 놓고 생각하는 경향이 강해진다고 한다. 그래서 조금만 방심하면 비난의 화살표를 무조건 밖으로만 돌리게 된다. 내가 속상한 건 아이 탓, 화가 나는 건 남편 탓, 짜증 나는 건 시댁 탓이라고 말이다.

무서운 일은 이렇게 남에게만 비난의 화살표를 돌리다 보면 자신만이 옳다는 착각에 빠져 헤어나오지 못한다는 것이다. 그리고 내가 남을 비난하고 탓하는 이유는 잘못을 바로잡아 주기 위해서지, 내 마음이 비뚤어진 게 아니라고 믿게 된다.

그런 일이 벌어지기 전에 내가 나의 내면을 보살펴줘야 한다. 전날 나의 말과 행동이 어땠는지 살피고, 그 언행에 어떤 동기가 숨어 있었는지 집요하게 들여다봐야 한다. 이 나이에 뭘 그렇게까지 해야 하나 싶겠지만 이런 내면 훈련을 부단히 하지 않으면 조만간 세상만사, 모든 사람이 마음에 안 드는 독불장군이 되고 만다.

전날의 나를 반성한 다음에는 좋아하는 책을 읽으면서 인상적인 구절을 필사해보자. 중요한 것은 여기서부터다. 필사한 문장이나 단락 아래 반드시 내 생각을 적어야 한다. 책 한 권에서 단 두 줄만 남아도 성공한 독서라고 한다. 그 두 줄이 머리에만 남으면 소용이 없다. 내 삶에 남아야 한다. 단순한 필사나 암기로는 내 마음과 삶에 그 내용을 새길 수 없다. 그 문장이나 단락에서 내가 배우고 느끼고 다짐한 바를 적어야 그 내용이 내 삶에 새겨져 온전히 내 것이 된다.

이렇게 필사하고 기록한 노트를 '성품 일지'라고 부르자. 성품 일지는 내 마음을 살펴 성품을 가꾸는 노트라는 뜻으로 마음 메이크업의 핵심 도구다. 성품 일지의 형식은 자유다. 책을 필사하고 독후감을 쓰는 형식을 제안했지만 다른 방법도 얼마든지 좋다(70쪽 참고).

예를 들면 그날 들었던 인상 깊은 말을 소재로 삼아도 좋다. 친구에게서 들은 감동적인 말이나 TV 드라마 대사 등에서 인상적이었던 부분을 적고 그에 대한 느낌을 정리하면 된다. 이도 저도 다 힘들다면 그냥 일기를 쓰는 방법도 있다. 다만 그냥 '일기'라고 하면 좀 막연할 수도 있으니 '감사 일기', '반성 일기' 등과 같이 주제를 한정하면 좋다. 주변에 감사하는 마음을 담아 감사 편지를 써보는 방법도 추천한다.

의지가 약해서 성품 일지를 꼬박꼬박 쓰기 어렵다면 SNS를 활용해보라고 권하고 싶다. 최근에는 나도 성경 묵상을 한 후 정리한 기도문을 성품 일지처럼 인스타그램에 올리고 있다. 누군가가 내 글을 읽고 위로와 격려가 되었다며 인생의 동역자로 함께 걸어가자고 응원을 보내주면 고맙고 힘이 난다. 덕분에 성품 일지를 더 열심히 쓰게 된다.

'나도 이제 늙었나 봐.' '나 요즘 왜 이렇게 확 늙었지?' 요즘 이런 생각이 자주 든다면 주름살이나 흰머리를 점검하기 전에 내 마음이 약해지고 늙어가는 건 아닌지 살펴보자. 그리고 성품 일지를 통해 꾸준히 마음 메이크업에 힘쓰자. 내면의 코어를 더욱 단단하게 만들어 맑고 또렷하고 확고한 정신을 지닐 때 비로소 외면, 즉 나와 내 주변의 변화가 시작된다는 사실을 기억하자.

오늘의 성품 일지

오늘의 마음 메이크업 시간에 읽은 것, 느낀 것을
성품 일지에 정리해봅니다.

날짜: _____ 년 _____ 월 _____ 일

읽은 책: .... 읽은 부분: ....

중심 내용 요약: ....

....

....

인상적인 구절 1: ....

인상적인 구절 2: ....

인상적인 구절 3: ....

내가 얻은 교훈과 일상에서 실천할 방법

사랑받고 환영받는 사람들의 공통점, 대화 센스

나이 들면서 말은 점점 많아지고 그럴수록 인간관계는 꼬여만 간다는 한탄을 주변에서 많이 듣는다. 가족, 친구, 부하직원 모두 자신과 대화하는 것을 달가워하지 않는다는 사람, 나이 들면 입은 다물고 지갑만 열어야 한다는 자조 섞인 농담을 하는 사람도 있다. 하지만 내 생각은 조금 다르다. 말이 통하지 않는다는 이유로 고립을 택할 게 아니라 어떻게 하면 말이 통할 수 있을까 연구해야 한다고 본다.

열 번 만나면 열 번 모두 즐거운 사람이 있는가 하면, 단 한

번을 만나도 만난 걸 후회하게 되는 사람이 있다. 이 차이는 어디서 생기는 걸까? 돈, 지위, 명예, 권위만 있는 사람은 필요에 따라 만날 순 있어도 진심으로 보고 싶어서 만나진 않는다. 어딜 가나 사랑받고 환영받는 사람의 매력은 그런 세속적인 힘에서 나오지 않는다. 이들의 비결은 바로 대화 센스에 있다.

대화 센스는 단순한 말재주가 아니다. 상대방을 보살피고 도우려는 마음과 사람을 소중히 여기는 태도가 없다면 아무리 유머 감각과 재치가 있어도, 번드르르하게 말을 잘해도 대화 센스가 있는 사람이라 할 수 없다.

그간 다양한 사람을 만나 대화해보니 대화 센스가 충만한 사람의 비밀을 조금은 엿본 것 같다. 내가 온몸으로 배우고 깨친 대화 센스 키우는 비결 다섯 가지를 공유한다. 배우고 배워도 실수하는 것이 말이라고 한다. 그러나 오늘 한 걸음, 내일 또 한 걸음, 꾸준히 노력한다는 마음으로 이 다섯 가지를 실천한다면 당신의 대화 센스도 분명 성장하고 성숙할 것이다.

첫 번째 비결 가짜 공감 말고 진짜 공감을 한다

보통 누군가에게 내 이야기를 할 때 해결책을 얻으려고 하는 경우는 거의 없다. 자신의 문제에 타인이 명확한 해결책을 줄 수 없다는 사실을 잘 알기 때문이다. 그런데도 우리가 서로에게 자기 이야기를 털어놓는 이유는 이해받고 위로받고 싶어서다. "너 지금 많이 힘들구나." "그래, 그럴 수도 있지." "지금 넌 충분히 잘하고 있어." "난 네 입장 이해해." 이런 말들이 너무나 듣고 싶어 어렵게 이야기를 꺼내는 것이다.

그런데 어떤 사람은 상대를 위로한답시고 오히려 말문을 막아버리기도 한다. 가령 친구가 칼질하다 손을 다쳤다고 하자. 공감을 잘하는 사람이면 이런 말을 해줄 것이다. "어머, 많이 놀랐겠다. 병원은 다녀왔어? 안 꿰매도 된대? 얼마나 아팠을까. 지금은 괜찮아진 거지?"

반면 이런 반응을 보이는 사람도 있다. "아유, 그 정도는 아무것도 아니야. 난 지난번에 5센티미터 찢어져서 수술했잖아." "야, 내 친구의 친구의 친구는 10센티미터 찢어져서 엄청나게 고생했어."

진짜 공감이 '나도 그런 적 있어. 그래서 나는 네 맘 이해해' 하고 헤아리는 마음이라면, 가짜 공감은 '나도 그런 적 있어. 내가 겪은 일에 비하면 네 일은 아무것도 아니야' 하고 깔아뭉개는 마음이다. 심지어 어떤 사람은 자기 경험담도 아닌 사돈의 팔촌 경험담까지 끌어와 친구의 고민을 별일 아닌 일로 치부하기도 한다.

입장을 바꿔 생각해보자. 내가 고민을 털어놓았을 때 누군가가 "겨우 그 정도 일로 뭘 그래. 난 더 큰 일도 겪었는데."라는 식으로 말한다면 어떨까. '알고 보니 난 정말 티끌만 한 일로 힘들어했네' 하면서 훌훌 털고 일어날까, 아니면 '쟤는 날 이해해주려는 생각이 조금도 없구나. 자기만 중요한 사람이구나' 하고 마음을 닫아버릴까?

누군가가 자기 속마음을 열어 보여주면 그 사람을 주인공으로 생각해야 한다. 나를 신뢰해서 털어놓은 마음이기에 그 사람 입장에 서서 얼마나 힘들었을지, 어떤 위로를 받고 싶을지 헤아려주어야 한다. 그렇지 않고 자꾸만 '나'를 중심에 놓으려 하면 나는 다시는 말을 섞고 싶지 않은 사람, 얼굴도 보기 싫은 사람이 되고 만다.

두 번째 비결 긍정적인 말로 말문을 연다

"아니, 그게 아니라…."

"그게 중요한 게 아니고…."

언제나 이런 부정적인 말로 말문을 여는 사람이 있다. 기껏 내 의견을 이야기했는데 누군가가 "아니, 중요한 건 그게 아니라…." 하며 내 말을 싹둑 잘라버리면 어떤 기분이 들까? 왠지 무시당한 느낌이 들어 입을 꾹 다물 것이다.

이런 부정적인 말 습관을 지닌 사람은 자신이 그런다는 사실을 잘 모른다. 친구의 기분을 얼마나 상하게 했는지는 알아채지 못하고 그저 친구에게 필요한 말, 옳은 말만 한 줄 안다. 무조건 맞장구만 치라는 이야기가 아니다. 때로 반대 의견을 내도 무조건 부정적인 말로 말문을 열진 말자는 뜻이다. 같은 내용이라도 듣는 사람의 기분을 배려해 일단은 다음과 같은 긍정적인 말로 시작하려고 해보자.

"응, 맞아. 네 입장은 충분히 이해해. 그런데 이렇게 생각해볼 수도 있지 않을까?"

"그렇지, 네 말도 일리가 있어. 근데 내 생각은 이래."

"응, 맞아." 또는 "그렇지." 같은 말은 상대를 인정하고 수긍하는 말이다. 이 말 한마디면 대화가 한결 부드럽게 풀린다. 사람 마음은 "아니, 그게 아니야."가 아니라 "응, 맞아."로 시작하는 말에 더 크게 움직인다는 사실을 잊지 말자.

세 번째 비결 **상대방을 기다려준다**

외모만으로 사람을 판단하면 안 된다고들 하는데 말투도 마찬가지다. 청산유수로 말하는 사람은 똑똑하고 더듬거리며 말하는 사람은 어수룩하다고 여기는 건 위험한 선입견이다.

오히려 나는 느릿느릿하게, 때로는 머뭇거리고 주저하면서 어눌한 듯 말하는 사람에게 호감을 느끼곤 한다. 그 머뭇거림과 주저함에서 말을 고르는 신중함, 사려 깊음, 상대를 배려하는 마음 등이 엿보여서다.

때로는 청산유수로 막힘없이 줄줄 쏟아지는 말이 피곤하게 들린다. 열심히 듣는데도 한쪽 귀로 들어와 다른 쪽 귀로 흘러 나가는 느낌이 들기도 한다. 하지만 한 문장, 한 문장 천천히 발화되는 말은 마음에 박음질하듯 새겨진다. 내 남동생의 말이 그렇다. 동생이 특유의 느리고 낮은 말투로 조곤조곤 말할 때면 한 마디라도 놓칠세라 더 집중해서 듣게 된다.

누군가 머뭇거리며 말을 고를 때 "아유, 답답해. 빨리 얘기해."라고 다그치거나 중간에서 말을 가로챈 적은 없었는지 돌아보자. 상대방의 사려 깊은 말을 들을 기회를 걷어찬, 성마르고 예의 없는 사람이 혹시 나는 아니었을까?

네 번째 비결 발언권을 독점하지 않고 공유한다

셋이 만났는데 한 사람만 신나게 떠들고 두 사람은 커피만 홀짝이다 헤어지는 경우가 있다. 발언권을 독점한 사람은 후련하고 재미있는 시간을 보냈겠지만 나머지 두 사람도 그럴까.

더 나쁜 건 셋이 만났는데 한 사람은 말없이 듣기만 하는 경우다. 말하기보다 듣기에 열중하느라 그런 거라면 모를까, 대화에서 소외되고 있다면 배려받아야 한다. 누군가가 발언을 독점해 소외당하는 사람이 있진 않은지, 발언을 독점하고 있는 그 사람이 혹시 나는 아닌지 늘 경계하고 대화에서 소외된 사람을 배려하는 마음이 필요하다.

다섯 번째 비결 자랑하지 않고 배려한다

만나기만 하면 왠지 불쾌해지는 사람이 있다. 대화 내내 자기 자랑만 늘어놓는 사람이 그렇다. 남편이 승진했네, 딸이 전교에서 1등을 했네, 아들 부부가 내 생일상을 상다리 부러지게 차려 줬네, 이달에 인센티브를 받아 명품 백을 샀네, 집값이 얼마로 뛰었네…. 아무도 궁금해하지 않는 자기 자랑을 흥에 겨워 지치지도 않고 늘어놓는다.

그런 말을 몇십 분째 듣다 보면 아무리 열등감 없고 꼬인 데 없는 사람도 상대적인 박탈감을 느끼기 마련이다. 우리 남편은 언제 해고될지 모르는데, 우리 딸은 성적이 떨어졌는데, 우리 아들은 아직 장가도 못 갔는데, 나는 아직 전세살이를 못 면했는데 하면서 자기 처지를 비관하게 된다.

신기하게도 자랑하는 사람 역시 기분이 마냥 상쾌하지만은 않다. 이 사람들이 늘어놓는 자랑이라는 걸 가만 들어보면 결국 자랑스러운 사람은 남편, 딸, 아들, 사위, 며느리지 자신이 아니다. 자랑해도 좋을 만큼 능력 있고 잘난 사람, 내면이 꽉 찬 사람은 애초에 자랑을 늘어놓지도 않는다. 자랑으로 남의 부러움을 사지 않아도 스스로 충만감을 느끼고 있기 때문이다. 반면 내면이 공허한 사람은 허울이라도 자랑해서 남의 관심을 받으려 한다. 상대가 예의상 감탄해주었음을 모르지 않으면서도 부러움에서 나온 반응일 거라고 자신을 속인다.

친구에게 뭔가를 자랑하고 싶어 입이 근질근질하다면 잠깐 멈추고 나 자신에게 질문을 던져보자. 나는 왜 이런 자랑을 하려 할까? 내 공허함을 감추고 포장하는 건 아닐까? 그게 아니더라도 내 이야기를 듣고 친구가 상대적인 박탈감을 느낄 염려는 없을까? 이렇게 나를 점검하고 상대를 배려하면 서로가 불쾌한 만남, 상처만 남는 자리는 피할 수 있다.

사람을
끌어당기는
뽀따의 특급 비결

사람을 재거나 이해득실을 따지는 성격이 못 되는 탓에 가끔 '사기당하기 딱 좋은 성격'이라는 소릴 듣곤 한다. 그런데 나를 정말 잘 아는 지인들은 오히려 거꾸로 말한다.

"뽀따가 뭔가 강하게 주장하거나 압박하는 건 아닌데, 나중에 보면 결국 뽀따가 하자는 대로 하고 있더라고."

"이상하게 뽀따 너한테는 하나라도 더 챙겨주고 싶고 더 잘해주고 싶더라."

우리 젤리뽀 님들도 마찬가지다. 나보다 나이 많은 젤리뽀 언니들이 뽀따 부티크가 거래하는 업체에 전화해 물건에 관해 상담하시면서 "나는 왜 그이(뽀따)가 이렇게 맘이 쓰이는지 모르겠어. 가방이 이뻐서 사고 싶은 것도 있지만 뽀따 가방이라서 진심으로 사주고 싶어."라고 말씀하셨단다. 이 말을 업체 이사님으로부터 전해 듣고는 눈물을 흘리지 않을 수 없었다. 언니들에게는 내 목소리뿐만 아니라 내 마음의 깊은 소리까지도 모두 들리는구나 싶어 한참이나 울고 울었다.

참 감사하게도 내 주변에는 이렇듯 사기꾼은커녕 언제나 나를 도와주고 싶다는 귀인들이 많았다. 주변에서 하도 인덕의 비밀을 물어오니 진짜 비결이라는 게 있나 싶어 기억을 더듬어봤다. 내가 본격적으로 사람 공부를 시작한 건 옷가게를 하면서부터였다. 그때 온갖 손님을 다 상대하면서 사람 마음을 움직이는 방법을 조금은 터득했던 것 같다.

사람을 끌어당기는 힘은 거저 생기지 않는다. 타인을 나 좋은 일에 써먹어야겠다고 생각하면 절대 주변에 사람이 모이지 않는다. 상대를 진심으로 배려하고 존중하고 상대가 잘되길 바라는 마음이어야 주변에 사람이 모이고 필요할 때 도움을 주고받을 수 있다.

이런 마음을 바탕으로 내가 경험으로 터득한 세 가지 비결, '마음을 담은 말씨', '진심을 담은 호칭', '노래를 담은 표정'을 실천했으면 한다. 이 세 가지 비결이 주변에 사람이 없어 고민

하는 사람들, 살면서 인덕이 있기를 바라는 사람들에게 조금이
나마 도움이 되었으면 좋겠다.

첫 번째 비결 **마음을 담은 말씨**

'저 손님은 안 오면 좋겠어.'

'저 인간만 아니면 회사 다니기가 좀 편할 텐데.'

나도 모르게 이런 마음이 드는 사람이 있다. 그런 사람은 안
보고 사는 게 속 편하지만 피할 수 없다면 내가 마음을 바꿔 먹
는 수밖에 없다.

옷가게를 하던 시절, 반갑지 않은 손님이 있었다. 일단 지갑
을 열면 한꺼번에 수십 벌을 사는 손 큰 고객이었지만 그걸 이
유로 나와 직원을 함부로 대할 때가 종종 있었다. 신상품을 미
리 빼놓으라고 하고선 며칠 후 마음을 바꿔 안 산다고 하는 경
우도 부지기수였다. 이렇게 신상품을 며칠 묵히면 그 옷은 때가
지나 팔기가 어렵게 되기도 한다. 이런 사정을 그 손님에게 어
떻게 호소하면 좋을까 고민했지만 섣불리 말을 꺼냈다가 문제
를 해결하기는커녕 오히려 얼굴을 붉히는 사이가 될까 봐 번번
이 포기하곤 했다.

하루는 도매시장에 나갔다가 그 손님이 좋아할 만한 두건을
발견했다. 우리 가게에서 취급하는 품목은 아니었지만 직업상

두건이 꼭 필요한 손님이기에 보자마자 예쁜 디자인으로 몇 장 골랐다. 그리고 가게에 돌아와 그 손님에게 문자를 보냈다.

'언니, 오늘 옷 보러 나갔다가 예쁜 두건이 있길래 언니 생각이 나서 몇 장 샀어요. 이따 가게에 들리세요. 선물이에요.'

그다음엔 어떻게 됐을까? 그 손님의 태도가 180도 달라졌다. 갑질 비슷한 행동이 싹 사라지고 나를 전적으로 신뢰하게 된 듯했다. 그제야 마음 편히 그 손님을 설득할 수 있었다.

"언니, 신상품 빼놓으라고 하곤 안 사시면 그 물건은 영영 못 팔게 되기도 해요. 앞으로는 계산 먼저 해주셨으면 좋겠어요."

예전 같았으면 씨알도 안 먹혔을 말이다. 하지만 손님은 웃는 얼굴로 잘 알았다고, 앞으로는 그런 일 절대 없을 거라며 "내가 생각이 짧았어."라는 사과의 말까지 해주었다.

겨우 두건 몇 장에 이렇게 달라지다니 믿기지 않을 수도 있다. 하지만 내가 그 손님에게 건넨 건 두 건 몇 장이 아니라 진심에서 나오는 배려와 존중이었다. 만일 내가 가끔 열리는 그 손님의 지갑만을 노리고 치사해도 참고 견딘다는 마음으로 대했다면 손님이 나를 신뢰하고 좋아하게 되는 일은 없었을 것이다. 실은 늘 뜨거운 불 앞에서 온종일 땀을 훔쳐가며 열심히 일하는 그 손님이 내 맘엔 안쓰러웠다. 손님이 내게 마음을 연 건 두건을 건넨 내 마음이 자신을 향한 배려와 관심임을 알아봤기 때문이다.

꼴도 보기 싫다는 마음으로는 누군가를 움직일 수 없다. 나와 뜻이 통하든 안 통하든 사람으로서 소중히 여기고 배려하면 언젠가는 나를 신뢰하는 때가 온다. 누군가의 마음을 움직이고 내 편으로 만드는 일은 이렇게 배려하고 존중하는 마음이 고스란히 말씨에 담겨야만 가능하다.

두 번째 비결 **진심을 담은 호칭**

이름 부르기는 마법의 주문과도 같다. 굳이 김춘수 시인의 〈꽃〉이라는 시를 떠올리지 않더라도, 누군가의 이름을 다정하게 부르는 것이 마음을 여는 주문이라는 걸 우리 모두 경험으로 익히 알고 있다.

옷가게를 하던 당시 나는 모든 손님을 '어머니', '언니', '이모'라는 호칭으로 불렀다. 그렇게 친숙하게 불러드리면 손님도 나를 딸, 동생, 조카처럼 친근하게 대해주셨다. 한번은 우리 가게에 물건을 대주는 딜러 언니가 왔길래 얼른 일어나서 "언니, 어서 와요." 하고 반겼다. 그랬더니 언니가 소파에 앉으며 이렇게 말했다.

"뽀따야, 오늘 일이 많아서 너무 피곤했는데 네가 반갑게 '언니' 하며 맞아주니까 너무 좋다. 피로가 싹 가셨어. 이상하게 네가 언니라고 불러주면 기분이 좋더라."

그녀를 언니라고 부르는 사람이 한둘이 아닐 텐데 왜 유독 내가 부르는 소리에서 위안을 얻었다고 한 걸까? 그 평범한 호칭에 내 특별한 마음이 담겨서일 것이다. 나는 단지 나보다 나이 많은 여성이라서 언니라고 부르는 게 아니라 친언니 대하듯 친근하게, 때로는 정과 애교를 담아서 부르려고 한다. 그래서 더 따뜻하게 느낀 게 아닐까 싶다.

아주 친숙한 사이가 아니라면 상대가 나보다 나이가 많든 적든 '선생님'이라고 부르는 것이 가장 무난한 것 같다. 요즘 나는 함께 일하는 젊은 스태프들을 '선생님'(줄여서 '쌤')이라고 부르고 있다. 물론 친해지면 사석에서는 '누구누구야'라고 이름을 부르기도 하지만 방송 중이나 다른 사람 앞에서는 직업적인 존경과 존중의 마음을 담아 반드시 '선생님'이라고 부른다.

이렇게 진심을 담아 누군가를 다정하게 불러주면 상대도 나를 향해 마음을 활짝 열어준다. 친하고 허물없는 사이라고 '야'라고 부르거나 진심이라고는 눈곱만치도 없이 말로만 '사장님', '사모님'을 찾는 사람에겐 마음이 움직이지 않는 법이다.

세 번째 비결 **노래가 담긴 표정**

'노래가 담긴 표정'이란 '노래 부르듯 명랑하고 기분 좋은 표정'이라는 뜻이다. 학교에서 돌아온 아이가 콧노래를 흥얼거리면 엄마도 덩달아 기분이 좋아진다. "우리 딸, 오늘 학교에서 무슨 기분 좋은 일 있었어?" 하고 묻게 된다.

나는 기분은 전염력이 강하다는 사실을 늘 잊지 않으려 노력한다. 기분이 안 좋은 날도 일할 때만큼은 티 내지 않는 편이다. 우거지상을 하고 나타난 누군가의 눈치를 살피다가 내 기분까지 나빠진 경험이 있어서다. 기분이 나쁘면 개인적으로 친구를 만나 위안을 구하면 될 일이다. 굳이 일터에까지 부정적인 감정을 가져와 함께 일하는 사람들이 눈치를 보게 만드나 싶다.

특히 서비스업에 종사하는 사람이라면 노래 담긴 표정이 얼마나 중요한지 잘 알 것이다. 간혹 미간에 '川'(내 천) 자를 그리고서 손님을 맞는 주인을 볼 때가 있다. 그런 가게는 서둘러 나오고 싶다. 물건을 사고 싶기는커녕 잠시 머무는 것조차 불편하다.

옷가게를 할 때 내가 가장 중요하게 여긴 덕목도 노래 담긴 표정이었다. 내가 본래 애교 많고 긍정적인 성격이긴 하지만 당시엔 사는 게 정말 힘들었고 갱년기까지 왔던 터라 밝은 표정 짓기가 늘 쉽지만은 않았다. 그래도 활기차고 명랑하게 손님을 맞으려 노력했다. 그리고 우리 가게 옷을 입은 손님들에게 늘 좋은 일만 생기길 기도했다.

이런 긍정적인 마음이 손님에게도 분명 영향을 미쳤으리라 믿는다. 무표정하게 들어온 손님도 내가 밝게 인사를 건네면 표정이 확 밝아지곤 했다. '나 오늘 구경만 할 거야'라는 얼굴로 지갑에 자물쇠 단단히 채우고 온 손님이 내 활기찬 에너지에 전염되어 두 손 가득 쇼핑백을 든 채 가게를 나서는 일도 많았다.

"뽀따야, 고마워."

내가 손님들에게 가장 많이 들은 말이다. 고마워해야 할 사람은 나인데, 우리 가게에 와서 기분 좋게 옷을 사줬으니 나야말로 손님들이 고마운데 왜 나한테 고맙다고 할까? 지금 생각해보면 노래가 담긴 내 표정에 대한 고마움이 아니었을까 싶다.

불문학자 고 황현산 선생님이 남기신 트윗 중에 이런 문장이 있다.

'명랑하기는 성격만으로 되는 일이 아닌 것 같다. 명랑하기는 윤리이기도 할 것이다. 늘 희망을 가지려고 애쓰고 다른 사람들을 사랑해야만 명랑할 수 있지 않을까.'

타고난 성격이 명랑하든 침울하든, 그날 기분이 좋든 아니든 나와 얼굴을 마주할 그 누군가를 배려해 노래 담긴 표정을 지으려 노력하는 것, 이것이 어쩌면 황현산 선생님이 말하신 일상에서 지켜야 할 작은 윤리가 아닐까 생각해본다.

이제는
홀로서기를
연습할 때

한번은 친구가 이런 말을 했다. 남편이 능력이 있었더라면, 아니 애초에 능력 있는 남자와 결혼했더라면 지금 이런 고생은 안하고 살겠지 하는 생각에 남편이 미워죽겠다는 것이다.

사실은 나도 그런 생각에 사로잡힌 적이 있었다. 남편의 사업 실패로 인생 전체가 곤두박질치면서 어린 딸아이와 흙바닥에서부터 다시 일어나야 했을 때 나 역시 남편을 원망했다. 왜 그렇게 어리석은 욕심을 부렸냐고 묻고 따지고 싶었다. 하지만 지금은 아니다. 남편의 실수에 내 책임도 있음을 안다.

생각해보면 남편은 혼자만 힘쓰는 시소 놀이를 하고 있었다. 시소 한쪽 끝에 앉은 나와 딸을 하늘 높이, 더 높이 띄우기 위해 맞은편 끝에서 혼자 발을 구르며 애쓰고 있었다. 내가 진작 남편의 부담을 덜어주었다면, 남편에게 전적으로 의지하지 않았다면, 내가 주체적으로 목소리를 내고 의견을 말했다면 남편은 분명 다른 선택을 했을 것이다. 남편은 의지할 대상이 아니다. 그냥 함께 살아가는 동반자일 뿐인데 나는 이 사실을 너무 늦게 깨달았다.

요즘 젊은 여성에게는 말도 되지 않는 다른 세상 이야기겠지만, 우리 세대만 해도 여자는 남편만 잘 만나면 팔자 고친다는 인식이 있었다. 능력 없는 남편을 원망하던 내 친구의 머릿속에도 그런 인식이 몇십 년이 지나도록 끈질기게 남아 있었던 것 같다. 그런데 세상에는 공짜가 없다. 남의 손으로 팔자 고치려고 마음먹는 순간 자기 자신은 사라져버린다. 그 사람이 요구하는 대로 휘둘리게 된다.

누군가에게 의지하고 기대려 하면 영영 자신의 두 다리로 서지 못하는 사람이 된다. 그러면 그 누군가를 더욱더 의지해야만 하고 심해지면 집착할 수밖에 없다. 혼자 걷기는커녕 서지도 못한다. 그렇게 스스로 존재감을 느끼지 못하고 불안과 두려움에 떨다 보면 마음의 근력은 점점 힘을 잃고 만다.

누군가에게 의지하지 않아야
외롭지도 않다

우리가 지금껏 의지한 사람은 남편만이 아니다. 정서적으로는 남편보다 아이들을 훨씬 의지하며 살아왔는지도 모른다. 그런데 아이들은 자라서 언젠가는 엄마 곁을 떠난다. 그게 자연스러운 과정이라는 걸 알면서도 우리는 마음의 준비를 못 한 채 그 순간을 맞는다. 중년 여성들에게 빈둥지증후군이 찾아오는 이유다.

빈둥지증후군은 아버지도 느끼는 감정이지만 어머니가 더 크게 실감하곤 한다. 특히 전업주부로 아이를 돌보는 데 대부분의 시간과 노력을 기울여온 사람이라면 그 상실감은 이루 말할 수 없이 크다.

둘째 언니가 중년 여성의 이런 심리에 대해 이렇게 진단한 적이 있다. 지금껏 자식 때문에는 웃어봤어도 나 때문에 웃어본 적은 없어서 아이들이 떠나가면 불안하고 외로움을 느낀다는 것이다. 엄마로서는 아주 유능하지만 자신을 데리고 사는 데는 아직 무능하다.

생각해보니 나는 우리 딸과 산전수전 겪는 동안 서로 엄청나게 의지하며 살았는데도 정작 딸이 독립할 때는 크게 흔들리지 않았던 것 같다. 함께 산다고 해서 딸에게 더 많은 걸 해줄 수 없다는 걸 알았고, 딸을 전적으로 믿기도 해서였다. 그런데 그보다 더 큰 이유가 있었다. 내가 뽀따TV를 시작하면서 '나 자신을 데리고 살기'에 어느 정도 유능해졌기 때문이다.

옷가게를 할 때는 뭔가 20퍼센트 정도 부족하다는 느낌이 계속 들었는데 뽀따TV를 하면서는 달랐다. 구독자 젤리뽀 님들과 영상과 댓글 또는 다이렉트 메시지로 소통하면서 나는 놀라운 사실을 발견했다. 비록 온라인 플랫폼이지만 함께 울고 웃으며 정서적으로 교감하고 서로 진심으로 사랑할 수 있다는 사실, 참된 위로와 격려, 응원을 통해 모두가 깊은 충만함을 느낄 수 있다는 사실을 발견한 것이다.

그렇게 나는 정말 잘하고 싶고 잘할 수 있는 분야에서 일하는 기쁨을 알게 되었다. 온 마음을 다해 일하고 있었기 때문에 큰 어려움 없이 딸에게서 정서적으로 독립할 수 있었던 것 같다.

내가 그랬던 것처럼 남편에게서, 아이들에게서 독립하고 싶다면 지금까지와는 전혀 다른 나로 거듭나야 한다. 더는 남을 의지하며 사는 게 아닌 내 힘으로 온전히 서고 싶다면 말이다. 남편과 아이의 성공과 실패에 덩달아 널뛰기를 하지 말아야 한다. 남편과 아이라는, 내 힘으로 어쩔 수 없고 통제 불가능한 존재에 집착하지 말고 이제는 자기 변화와 성장에 집중해야 한다.

그리고 공부해야 한다. 공부해서 취업이든, 봉사 활동이든, 취미 활동이든 새로운 일에 도전해보자. 나를 재발견해보자. 지금껏 누군가에게 의지하며 사느라 내 보물 같은 잠재력을 잊고 살았다. 남편과 아이에게 의지하려는 생각을 버리면 그제야 내 재능이 보이기 시작한다. 나 역시 더는 남편을 의지할 수 없는 상황에 놓이고 나서야 나의 새로운 재능을 발견했다.

아무리 생각해도 재능이 없는 것 같을 수 있다. 하지만 걱정할 필요 없다. 일단 나 자신을 데리고 살기에 유능해지기로 했다는 사실이 중요하다. 이미 그 자체로도 훌륭한 출발이다.

지난 50년 동안 누군가에게 의지하면서도 외로웠다면 앞으로 50년 동안은 나를 의지하며 외롭지 않게 살아보자. 믿을 만한 누군가를 찾지 말고, 의지할 만한 누군가를 찾지 말고 나 자신을 믿음직하게 성장시켜보자. 내가 건강하고 매력적이고 아름답고 멋져질 수 있도록 도와주자. 그래서 나 자신을 데리고 살 수 있는 유능한 사람이 되도록 하자.

내가 내 몫의 삶을 온전히 꾸려갈 수 있는 사람이 되면 비로소 새로운 사랑이 시작된다. 집착하지 않는 사랑, 상대의 희생을 요구하지 않는 사랑, 나의 충만감으로 상대를 따뜻하게 품어줄 수 있는 사랑, 때로는 상대가 잠시 내게 기대어 쉴 수 있게 하는 사랑, 사랑할수록 내가 작아지는 게 아니라 오히려 커지고 강해지는 사랑, 그런 사랑을 할 수 있는 사람이 된다.

내가 젊은 시절에 유행했던 서정윤의 〈홀로서기〉라는 시에 이런 대목이 나온다.

"둘이 만나 서는 게 아니라 홀로 선 둘이가 만나는 것이다."

어린 시절 읽었던 생텍쥐페리의 소설 《인간의 대지》에도 이와 비슷한 문장이 있다.

"사랑이란 서로 마주 보는 것이 아니라 둘이서 같은 방향을 내다보는 것이라고 인생은 우리에게 가르쳐주었다."

둘이서 같은 방향을 내다보려면 먼저 각자가 홀로 서야 한다. 자신을 번듯하게 세울 수 있어야 한다. 그런 힘과 성숙함이 있어야만 누군가와 나란히 서서 같은 방향을 볼 수 있다. 어린 시절 읽었던 문장들에 담긴 의미를 중년이 되어서야 깨닫는다. 이제 비로소 홀로 설 자신이 생긴 모양이다.

아이의 사춘기,
엄마는 또 한 번
성장한다

"저 앞에서 아이가 엄마랑 손 맞잡고 걸어오더라. 서너 살쯤 됐으려나. 아이가 웃는 얼굴로 엄마를 올려다보는데 갑자기 내 눈에서 눈물이 왈칵 쏟아지는 거야."

여기까지 말한 친구는 한동안 말을 잇지 못했다. 아마 '우리 아이도 저럴 때가 있었는데' 하는 생각에 감정을 주체하지 못한 것이리라. 눈만 마주쳐도 웃고 "엄마, 사랑해요." 하면서 품에 안기던 아이가 이제 엄마와는 눈도 마주치기 싫고 말도 섞기 싫다는 사춘기 청소년이 되었다는 사실이 서글펐을 것이다.

나라고 그런 경험이 없었을까. 우리 딸 지원이가 자그마치 6년의 사춘기를 보내는 동안 나는 매일매일을 링 위에서 얻어맞는 권투 선수가 된 기분으로 살았다.

한번은 아이와 전철을 타고 가다가 가만히 아이의 손을 잡았는데 아이가 내 손을 차갑게 탁 뿌리쳤다. 그 순간 정말로 가슴이 갈기갈기 찢기는 것 같았다.

"지원아, 엄마가 널 어떻게 도와줄까?"

내가 눈물을 흘리며 물어도 아이는 끝내 아무 말도 하지 않았다.

그렇게 피 말리는 사춘기가 끝나고 아이는 이제 건강한 성인이 되어 제 몫의 삶을 잘 꾸려가고 있다. 내가 링에서 내려왔다고 해서 다른 이들에게 "다 지나가. 지나가니까 사춘기인 거야."라고 쉽게 말하고 싶진 않다. 지금 링 위에 선 엄마들 귀에는 그 소리가 안 들릴 테니까. 지금 그녀들은 영원히 끝나지 않을 외로운 경기를 하는 느낌일 테니까.

지나고 나면 아무것도 아니라는 말 대신 다른 이야기를 들려주고 싶다. 아이는 돌아온다고, 자신만의 외로운 싸움을 끝내고 나면 반드시 엄마 곁으로 돌아온다고 말이다. 그때까지 아이도 자신도 미워하지 말고 씩씩하게 기다리라고 말해주고 싶다.

아이의 사춘기는 엄마의 성장기다. 지나고 보니 지원이가 성장통을 겪을 때 나도 그 고통을 함께 겪으며 같이 성장했던 것 같다. 다시 그 시절 이야기를 꺼내려니 조금 두렵지만 용기 내서 이야기해보려 한다.

스스로 일어설 때까지
기다려주기

신학대학원 시절, 멘토이자 은사님인 김덕수 교수님께 고민 상담을 청한 적이 있었다. 나는 교수님께 타인의 부탁을 거절하지 못해 삶이 흔들릴 정도인데 어떻게 하면 좋겠느냐고 여쭈었다. 그때 교수님이 이런 말씀을 해주셨다.

"남을 돕고 일으키려는 마음은 귀하지만 지나치면 오히려 상대에게 독이 된다. 그 사람이 스스로 깨달을 권리를 침해하는 것이란다."

순간 마음속에 전구 하나가 탁 켜지는 것만 같았다. 그렇다. 누구나 스스로 감당하고 깨칠 부분이 있다. 그것까지 내가 대신하려는 건 진정으로 그 사람을 위한 일이 아니다.

아이에게 사춘기가 왔을 때 나는 은사님의 말씀을 떠올리며 되뇌고 또 되뇌었다. 은사님 말씀처럼 이 시기에 아이가 스스로 감당하며 깨칠 부분이 분명 있었다. 이때 내가 엄마랍시고 당장 아이를 일으키려는 건 아이에게도 내게도 좋지 않을 거라고 거듭해서 되뇌었다.

사춘기에 아이는 이제껏 알고 있던 세상을 모두 무너뜨리고 새로운 세상을 짓는다. 때로는 제 손으로 뭐든 할 수 있을 것 같다가도 때로는 자신이 한없이 초라하고 미숙하게 느껴질 것이다. 롤러코스터처럼 어지러운 자아 감각에 혼란스럽고 불안하고 슬플 것이다. 아마 당분간은 누구의 조언이나 참견도 듣지 않고 오롯이 혼자서 생각을 정리하고 싶을 것이다.

이럴 때 엄마가 아이를 기다려주지 못하고 어릴 때처럼 손바닥 안에 두고 통제하려 하면 어떤 일이 벌어질까? 아이가 영영 튕겨 나가도 문제지만 엄마의 손바닥 안에 얌전히 들어와도 문제다. 그러면 아이는 엄마 손바닥보다 더 크게 자라지 못한다. 엄마의 그릇 안에 쏙 들어오는 아이밖에 되지 못한다.

그게 싫다면 기다려주자. 아이가 최소한 엄마 그릇보다는 더 크고 깊게 자라주길 바란다면 엄마가 할 일은 딱 하나다. 아이가 혼자만의 방에서 혼란스러운 생각을 정리하고 엄마 곁으로 돌아올 때까지 기다려주는 것이다.

마냥 손 놓고 기다리기만 해선 안 된다. 엄마도 방 하나를 만들어놓고 거기서 아이를 기다려야 한다. 아이더러 그 방으로 들어오라고 강요해선 안 되지만 방문은 언제나 열려 있어야 한다. 원하면 언제든 들어와 쉴 수 있는 방이어야 한다.

아이가 사춘기 한복판에 있었던 고1 때의 일이다. 하루는 아이가 하굣길에 옷가게를 찾아와서는 구석에 있는 긴 의자에 푹

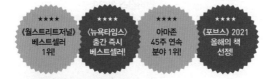

생각이 이렇게 복잡한데 인생이 잘 풀릴 수 있을까?

대한민국 대표 생각정리 컨설턴트 복주환의
돈과 운을 부르는 40가지 생각정리의 비밀!

생각정리 습관이 운명을 바꾸는 습관이 된다!

저자는 외교부, 교육부, 삼성, LG, 포스코, 서울대 등에서 연 250회가 넘는 생각정리 강의와 컨설팅을 하고 있다. 저자의 풍부한 노하우가 담긴 생각정리 솔루션을 따라 하면 다이어트 같은 일상의 문제부터 공부 계획, 자격증 시험, 사업 계획 등 학업과 비즈니스의 성과가 높아지는 것은 물론, 인생을 주도적으로 설계하게 된다.

당신의 생각을 정리해드립니다
복주환 지음 | 값 16,000원

29세에 자본, 직원 없이 10억을 번 사업 천재의 월급 독립 프로젝트

"사업을 시작했을 때 이 책이 나왔더라면
돈과 시간을 낭비하지 않았을 것이다!"

1년에 10억 버는 '스노볼 사업 성장 공식'

3만 원짜리 3~5종류의 제품을 하루 25~30개씩만 팔면 1년에 10억을 벌 수 있다! 이 단순한 공식을 이루기 위해 고객을 기준으로 사업을 계획하는 법부터 고객에게 접근하고 소통하는 법, 첫 구매 고객을 충성 고객으로 만드는 법 등 단순한 판매자에서 고객이 원하는 브랜드로 성장하고 틈새시장을 장악하는 방법을 3단계로 나누어 친절하게 알려준다.

1년에 10억 버는 방구석 비즈니스
라이언 대니얼 모런 지음 | 신솔빛 옮김 | 값 17,800원

고꾸라져 잠이 들었다. 그 모습을 보니 마음이 짠했다. '너도 힘들구나. 지금 넌 쉴 곳이 필요하구나. 그래서 고맙게도 엄마한테 와주었구나.' 그때 그런 생각을 했던 것 같다. 앞으로도 아이를 다그치거나 야단치지 말고 지금처럼 가만히 지켜봐주자고 말이다. 그래야 옷가게 구석 작은 의자라도 엄마 곁에서 쉬려고 찾아와줄 것이다.

한번은 아이가 기숙학교에 있을 때 전화로 뜬금없이 "엄마, 나 꼴등 해도 돼요?" 하고 물어왔다. 이게 무슨 일일까? 공부가 많이 힘든가? 기숙사에서 무슨 일이 있었나? 가슴이 덜컥 내려앉았지만 아무렇지도 않은 듯 말해주었다. "그럼, 지원이는 1등도 해봤으니까 꼴등도 해봐야지. 1등 마음도 알고 꼴등 마음도 알아야 좋은 사람이 되지."

그러던 아이가 갑자기 자퇴하겠다고 했다. 그때도 그러라고 했다. 인생은 길고 지금 당장 학교 안 다닌다고 큰일 나는 것은 아니니 원하는 대로 해보라고 했다. 아이는 학교를 그만두고 종일 미술관으로, 박물관으로 돌아다녔다. 음악을 듣고 책도 읽었다. 그러고는 내게 한마디 말도 없이 검정고시를 보더니 제 나이에 맞춰 고등학교에 들어갔다. 나중에 말하길, 학교를 안 다니는 동안 신나게 놀아봤지만 소속감이 없어 둥둥 떠다니는 느낌이 들었단다. 그게 싫어서 어쨌든 학교는 다녀야겠다는 결심이 들었다고 했다.

고등학교 입학으로 사춘기가 끝이 난 건 아니었다. 하루는 선생님께 전화가 왔다. 아이가 학교에서 수업은 안 듣고 종일 책만 읽는다고 했다. 이번에도 아이를 한번 믿어보자는 마음에 선생님께 이렇게 말씀드렸다. "선생님, 죄송하지만 그냥 지켜봐 주시면 안 될까요. 저는 지원이가 성적 잘 받는 것보다 행복해하는 게 더 좋습니다."

고3이 되자 아이는 뒤늦게 성적 고민으로 스트레스를 많이 받았다. 나는 그때도 아이한테 괜찮다고 말해주었다. "지원아, 대학 못 가도 괜찮아. 엄마랑 옷가게 같이 하면 되지. 옷가게도 하기 싫으면 하지 마. 넌 재능이 많으니까 분명 하고 싶은 게 생길 거야. 그러다 대학이 가고 싶어지면 그때 또 공부하면 되지." 성인이 된 지원이 말로는 사춘기 때 엄마가 자기 존재를 있는 그대로 사랑해줘서 고마웠단다. 엄마 속을 뒤집어놓고 싶어 일부러 도발한 적도 많았는데 그때마다 엄마가 마치 이런 말을 들려주는 것 같았다고 했다.

"지원아, 다 괜찮아. 엄마는 네가 갓난아기 때 잘 먹고 잘 싸는 것만으로도 정말 고맙고 기뻤어. 지금도 마찬가지야. 엄마는 네가 어디서 뭘 하든 네 존재 자체를 사랑해."

6년 동안 엄마에게 이런 메시지를 전달받은 아이는 드디어 자기 의지로 공부를 시작해 대학에 들어갔다. 길고 암울한 사춘기의 터널에도 끝은 있었다.

아이의 사춘기,
엄마는 사랑을 새로 배운다

이렇게 써놓고 보니 마치 내가 호수처럼 잔잔한 마음으로 아이의 곁을 지켜준 것 같지만 실상은 그렇지 않았다. 내 뜻대로 움직여주지 않는 아이를 볼 때마다 속이 부글부글 끓어올랐다.

아이의 굳게 다문 입술과 냉담한 눈빛에 억장이 무너졌고 언제까지 기다려야 하나 암담하고 두려웠다. 더는 못 참고 아이를 통제하려들 때마다, 내가 원하는 자리에 아이를 억지로 끌어다 앉힐 때마다 아이는 더 멀리, 더 빨리 도망쳤다. 때로는 상처 입은 사슴처럼 내 품을 찾아와 위안을 구하다가도 내가 섣불리 설교라도 시작할라치면 여우처럼 날카로운 발톱으로 내 마음을 할퀴고 달아났다.

그러니 그냥 기다리고 지켜보는 일 말고는 아무것도 할 수 없었다. 마음속에 아이를 위한 집 한 칸 마련해두고 아이가 언제라도 올 수 있게 문 활짝 열고 기다리는 것만이 유일하게 할 수 있는 일이었다.

그러면서 서서히 배웠다. 아이가 원하는 사랑은 따로 있다는 것을. 아이가 사춘기라는 터널을 통과하는 동안 엄마는 사랑을 새로 배운다. 더는 아기 때처럼 물고 빨고 뜨거운 사랑을 퍼부어서는 안 된다. 나도 지원이 덕분에 중년이 되어서야 사랑이 무엇인지 깊이 생각할 기회를 얻었다.

아이가 어릴 때 엄마는 아이를 지키기 위해 울타리를 쳐야 했다. 울타리 안쪽은 엄마가 통제하는 안전한 곳, 따뜻하고 배부른 곳이다. 하지만 이제 아이는 자랐고 울타리는 낡았다. 아이를 위해 둘렀던 울타리를 걷고 넓은 세상으로 통하는 문을 열어줄 때다. 울타리 밖을 나선 아이가 넘어지고 일어서며 자신만의 울타리를 만들어가는 모습을 엄마는 마음을 졸이며 지켜봐야 한다. 아이가 원하면 언제든지 울타리에 들어와 쉬도록 하되 충전을 마치고 다시 나가려는 아이를 막아서면 안 된다.

그것이 사춘기 아이가 바라는 진정한 사랑이다. 그런 의미에서 사랑의 반대말은 증오가 아니라 통제다. 우리가 배우자를 사랑이라는 이름으로 통제할 수 없듯 아이를 어엿한 인격체로 인정한다면 더는 통제해선 안 된다.

다시 한번 말하지만 아이는 엄마 곁으로 돌아온다. 아이가 세상의 모든 바람 냄새를 묻힌 채 돌아왔을 때 엄마도 한층 성장한 모습을 보여주면 좋지 않을까. 그렇게 사춘기는 엄마와 아이 모두를 성장시키는 시간이 된다.

산뜻하고 가볍게!
SNS로 전하는
마음

평소에 애교가 많다는 소릴 자주 듣는다. '애교'란 단어를 사전에서 찾아보니 '남에게 귀엽게 보이는 태도'라고 한다. 하지만 사람마다 해석이 다를 수 있다. 사람들이 내게 애교가 많다고 하는 건 콧소리를 낸다거나 아양을 떤다는 의미가 아니라 내가 살가운 표현을 잘한다는 뜻일 것이다.

나는 평소에 '사랑한다'는 말을 자주, 많이 한다. 딸에게, 언니들에게, 엄마와 아빠에게, 젤리뽀 님들에게 수시로 사랑한다고 말한다. 그럴 때마다 언니들은 팔을 쓸어가며 닭살 돋는다고 한다. 어쩌면 그렇게 낯간지러운 소리를 잘하냐고 말이다. 그러면서도 내가 사랑한다고 말하면 어김없이 즐거워한다.

이렇게 기회가 있을 때마다 사랑한다고 말하는 건 나중에 후회하지 않기 위해서다. 의도치 않은 사고로 소중한 사람을 잃어 삶이 산산이 부서진 사람들의 이야기를 종종 접한다. 그들이 가장 후회하는 한 가지는 사랑한다고 말할 수 있었던 그 수많은 기회를 다 놓친 것이다. 헤어지는 순간에 왜 다퉜을까, 왜 상처를 주었을까 후회한다고 했다. 진작 사랑한다고 말할걸, 많이 안아줄걸 뼈저리게 후회한다고 했다.

그래서 나는 말할 수 있을 때 사랑한다고 말한다. 안아줄 수 있을 때 꼭 안아준다. 헤어질 때는 늘 웃으며 헤어지려고 한다. 감정의 앙금을 남긴 채로 헤어지는 게 싫어서 내가 조금 손해 보는 기분이더라도 먼저 손을 내민다. 아마도 이런 내 모습이 남들에게는 애교가 많은 걸로 보일지 모른다.

소중히 여기는 사람에게는 선물도 자주 한다. 크고 거창한 선물이 아니라 그냥 소소한 선물이다. 얼마 전에는 마트에 갔다가 지인을 만났다. 친한 사이는 아닌데 언젠가 더 친해지면 좋겠다 싶은 사람이었다. 내 마음을 전하고 싶어 가게를 나서기 전 작은 유기농 딸기잼 하나를 사서 건네주었다. 받는 사람 얼굴에 기분 좋은 놀라움이 피어나는 모습은 언제나 보기 좋다. 크고 거창한 선물이 아닌 소소한 선물이 갖는 묘한 에너지가 분명 있다.

음식 대접도 내가 즐겨 하는 애정 표현의 하나다. 우리 집에서 촬영하는 날이면 함께 고생한 스태프들을 그냥 보내는 법이 없다. 바빠서 그냥 간다고 할까 봐 옷도 갈아입지 않고 주방으로 달려가 서둘러 요리를 시작한다. 스태프들이 "뽀따 이모, 너무 맛있어요!" 하면서 엄지를 척 올려주면 그렇게 기분이 좋을 수가 없다.

"뽀따는 정말 애교가 많아."

이 말을 들으면 오늘도 후회 없이 내 마음을 잘 표현한 것 같아 뿌듯해진다. 후회 없이 사랑한다고 말하고 많이 안아주고 소소한 선물을 건네고 요리를 대접하면서 언제까지나 애교 많은 뽀따로 살고 싶다.

오늘치의 다정함을 내일로 미루지 않는 삶

죽었다 깨어나도 사랑한다고 말할 자신이 없다는 사람도 있을 것이다. 그런 사람을 위한 비장의 무기가 있다. 바로 문자 메시지다. 문자로 하는 소통은 반쪽짜리라고 폄하하는 사람도 있다. 하지만 내 생각은 조금 다르다. 문자는 직접 만나 눈을 보며 대화하는 방식보다는 아무래도 오해의 여지가 많지만, 얼굴을 마주하지 않아 오히려 더 편하게 건넬 수 있는 말도 있다.

쑥스러움이 많아 애정 표현에 서툰 사람들도 문자를 이용하면 마음을 효과적으로 전달할 수 있다. 친구들 말에 따르면 세상 무뚝뚝한 남편도 문자로는 종종 사랑한다는 메시지를 보낸다고 한다. 그런 걸 보면 문자가 부담 없이 마음을 전달하는 수단인 건 맞는 모양이다.

문자는 특히 미안한 마음을 전달할 때 유용하다. 얼굴을 마주하고는 미안하다는 말이 차마 나오지 않을 때가 있다. 말하는 쪽도, 듣는 쪽도 왠지 민망하고 부담스럽다. 그럴 때 문자를 이용하면 사과하는 쪽은 미안한 마음을 충분히 전달할 수 있고 사과를 받는 쪽도 생각을 정리할 겨를을 가질 수 있어 좋다.

얼마 전 친한 친구와 작은 갈등이 있었다. 얼굴을 붉히거나 목소리를 높이진 않았지만 저 친구가 왜 저런 말을 했을까 의아해하며 헤어졌다. 그런데 이튿날 아침 일찍 그 친구에게 문자가 왔다. 어제는 자기 생각이 짧았다고, 정말 미안하다고 했다. 문자에 박힌 '미안해' 세 글자를 보는 순간 마음이 사르르 녹는 걸 느꼈다.

사과 문자는 특히 가족끼리 주고받기 좋다. 가족끼리는 작은 실수나 갈등이 있어도 그냥 넘기는 경우가 많고 정색하거나 사과를 주고받기도 민망하다. 하지만 아무리 가족이라도 작은 실수나 갈등을 해결하지 않고 어물쩍 넘겨버릇하면 이것이 겹겹이 쌓여 나중에는 걷잡을 수 없이 큰 문제가 된다.

그래서 나는 딸에게도 종종 사과 문자를 보낸다. '아까 엄마 말에 마음 상했지? 미안해. 엄마가 마음이 무거워서 표현을 잘 못한 것 같아. 마음에 담아두지 마.' 굳이 미안하다고 안 해도 내 마음을 알 것이라는 생각은 다분히 자기 편의적인 발상이다. 가족끼리도, 아니 가족이니까 더욱 사과해야만 한다.

문자나 톡이 없던 시절에는 고맙고 미안한 마음을 어떻게 전달했는지 까마득하다. 요즘은 문자로 그때그때 무겁지 않고 산뜻하게 마음을 전할 수 있어 얼마나 좋은지 모른다. 마음을 표현하는 일은 아주 중요하다. 말하지 않아도 알 것이라고 생각하면 안 된다. 당장 나부터도 상대가 표현하지 않으면 그 마음을 알 수 없다.

마음을 표현하는 일에도 훈련이 필요하다고 생각한다. 마음이 다정해서 표현을 많이 할 수도 있지만 표현을 많이 하다 보면 마음이 절로 다정해진다. 무뚝뚝해 보여도 마음은 따뜻하다는 말을 나는 믿지 않는다. 표현하지 않으면 마음은 점점 더 딱딱해지기 마련이다.

그러니 "난 원래 표현에는 재주가 없어." 또는 "난 좀 뚱한 성격이야."라고만 하지 말고 지금 당장 사랑하는 사람에게 다정한 문자 한 통 보내보자. 마음에만 담아두었던 고마움과 미안함을 문자에 꾹꾹 담아보자. 오늘치의 다정한 마음을 내일로 미루지 않는 삶, 이것만큼 중요한 목표도 없다고 생각한다.

제3장

이왕이면
아름답게 나이 들고 싶다

곰손도 할 수 있다,
10년 젊어지는
뽀따 메이크업

평소 메이크업을 안 하는 4060 여성들에게 그 이유를 물으면
'귀찮고 번거로워서'라는 대답보다 '화장을 잘 못해서'라는 대답
이 더 많이 나온다. 기껏 화장을 해봤자 금세 지저분하게 무너
지거나 모공에 끼거나 눈가가 너구리처럼 되는 통에 차라리 안
하느니만 못한 상태가 된다고 한다.

4060 여성은 왜 메이크업을 어려워할까? 애 키우고 살림하
느라 메이크업할 기회가 별로 없어서일까? 그렇기도 하지만 무
엇보다 자신의 피부 노화를 이해하지 못한 것이 주요한 원인이

다. 4060이 되면 피부의 탄력이 떨어져 모공이 커지고 요철이 심해지면서 기미나 잡티, 주름살이 두드러진다. 또 전체적인 피부 톤도 칙칙해진다. 젊은 시절부터 꾸준히 관리해왔다고 해도 정도의 차이만 있을 뿐 예외는 아니다. 따라서 4060의 메이크업은 젊고 건강한 피부를 지닌 2030의 메이크업과는 완전히 달라야 한다.

'그간 해왔던 대로 했는데 요즘엔 왜 자꾸 들뜨는지 모르겠어요', '유명하다는 뷰티 유튜버가 시키는 대로 했는데 왜 이렇게 어색할까요?', '잡지에서 좋다고 해서 샀는데 제 피부엔 안 맞더라고요' 같은 고민을 종종 듣곤 한다. 이 역시 노화에 따른 피부 변화를 고려하지 않고 젊은 시절부터 해왔던 방법을 고수하거나 2030을 위한 뷰티 정보를 듣고 따라 했기 때문이다. 그렇다면 4060의 피부에 잘 맞는 메이크업이란 무엇일까?

첫째, 피부 표현을 최대한 얇고 가볍게 해야 한다. 결점을 가리려고 메이크업을 두껍게 하면 보기에도 어색할 뿐 아니라 얼마 지나지 않아 들뜨고 갈라지고 만다. 또 모공이나 주름살 사이에 파운데이션이 끼는 등 수정하기도 어려운 상태가 된다.

요즘은 인위적인 무결점 피부가 아니라 잡티를 그대로 드러낸, 자연스러워 보이는 피부가 인기다. 피부 톤을 정돈만 한다는 느낌으로 가볍게 메이크업해야 오히려 피부가 맑아 보이고 나이 들어 보이지 않는다.

둘째, 세련되고 기품 있어 보이려면 포인트 메이크업의 색상에 유의해야 한다. 셋업 슈트를 상상해보자. 상·하의의 소재와 색상을 맞춰 격식을 차린 셋업 슈트는 품위 있어 보이고 신뢰감을 준다. 메이크업도 마찬가지여서 아이섀도, 블러셔, 립스틱의 색상을 비슷한 톤으로 통일하면 마치 셋업 슈트를 입은 듯 기품 있고 우아해 보인다.

셋째, 파운데이션 21호를 선호하는 한국 여성들의 피부에는 대체로 피치 코럴 색상이 잘 어울린다. 그래서 포인트 메이크업으로 코럴 계열의 색상을 사용하면 훨씬 생기 있고 세련된 인상을 줄 수 있다.

이 세 가지 기본 원칙을 염두에 두고서 이제 본격적으로 메이크업을 해보자. 다음에 소개하는 열 가지만 잘 지키면 더 이상 메이크업 못한다는 소리는 듣지 않을 것이다.

1단계 4060일수록 프라이머는 필수

먼저 화장의 기본적인 단계를 살펴보자. 세안, 기초화장품, 자외선 차단제까지 발랐다면 그다음 단계는 무엇일까? 파운데이션일까? 아니다. 먼저 프라이머를 발라야 한다. '화장하고 시간이 지나면 들떠요', '주름살이나 모공에 파운데이션이 끼어 차라리 안 하느니만 못해요', '오후가 되면 화장이 지워지고 무너져요' 등 이런 고충에는 프라이머가 답이다.

프라이머와 메이크업 베이스를 혼동하는 사람도 많은데 둘은 엄연히 다른 제품이다. 메이크업 베이스가 얼룩덜룩한 피부톤을 보정한다면 프라이머는 모공, 주름살, 요철 등을 매끈하게 메우고 과도한 유분감을 없애 피붓결을 정돈해준다. 비유하자면 벽에 페인트를 칠하기 전 말끔하게 미장하는 단계랄까. 그런만큼 피부 좋은 2030보다는 4060에게 꼭 필요한 제품이라 하겠다.

단, 펄이 들어간 제품은 주름이나 모공을 더 두드러지게 할 수 있으니 피해야 한다. 제형 또한 발림성이 좋은, 약간 묽은 제형이 4060 피부에 적합하다. 너무 꾸덕꾸덕한 제품은 수분이 적어 시간이 지나면 주름과 요철이 다시 두드러진다.

프라이머는 귀찮더라도 손이 아닌 스펀지(물방울 퍼프)로 펴 발라야 피부에 초밀착된다. 특히 시간이 지나 파운데이션이 끼거나 갈라지기 쉬운 쌍꺼풀 라인, 눈 밑, 콧방울 옆, 팔자 주름 등에 얇고 꼼꼼하게 발라준다. 립스틱이 금세 지워져 고민이라면 입술 위에도 잊지 말고 발라주자.

뽀따의 추천템 ⊘

엘 픽스온 프라이머
코드 글로컬러

4060 피부에 적합한 묽은 제형으로 화장 후 얼마 안 되어 잔주름과 요철이 여기저기 드러나는 피부에 딱이다.

2단계 파운데이션은
두껍게 바르면 망한다

파운데이션은 제형별로 다양한 종류가 있는데 나는 건조하지 않고 사용하기도 편한 쿠션 파운데이션을 주로 쓴다. 보통 쿠션에 내장된 퍼프는 질이 떨어지는 경우가 많다. 일명 '똥 퍼프'라고 불리는, 물방울 모양의 퍼프를 따로 구입해 쓰길 권한다.

파운데이션은 뭉치거나 들뜨지 않도록 얇게 펴 바르고 다시 여러 번 두드리듯 바른다. 특히 눈 밑이나 쌍꺼풀 라인, 콧방울 등은 파운데이션이 갈라지거나 뭉치기 쉬운 부위인 만큼 정교하게 펴 바르고 잘 두드려줘야 한다.

얼굴과 연결된 목 부분에도 파운데이션을 발라 얼굴만 동동 뜨는 난감한 사태를 피하도록 한다. 이때 자연스러운 느낌이 나도록 그러데이션을 살려 발라주고, 옷에 묻지 않도록 퍼프에 남은 소량의 파운데이션만을 사용한다. 입술에도 발라주면 립스틱 발색이 잘 되고 쉽게 지워지지 않아 좋다.

3단계 잡티 커버는 파운데이션이 아니라
컨실러로

파운데이션으로 기미, 주근깨 등을 다 가리려고 하면 화장이 너무 두꺼워지고 어색해진다. 여러 번 강조하지만 파운데이션은 얇고 가볍게 바르고, 잡티는 컨실러로 가려준다. 컨실러를 손으로 문질러 바르면 잡티 커버 효과가 떨어지고 기껏 바른 파운데이션까지 지워질 수 있다. 작은 붓을 이용해서 톡톡톡 양을 조절하며 정교하게 발라주도록 하자.

4단계 기초 메이크업의 마지막, 파우더 팩트

윤광·물광 메이크업이 유행일 때도 있었지만 요즘은 적당히 매트하고 속광이 살짝 올라오는 정도의 깔끔한 메이크업이 대세다. 파운데이션을 바른 뒤 입자 고운 파우더 팩트를 코 옆 부분, 모공이 두드러져 보이는 나비 존과 이마 가운데 부분에 가볍게 발라준다. 그러면 과도한 유분기를 잡아 단정하고 깨끗한 인상을 줄 수 있을 뿐 아니라 메이크업 지속 시간도 길어져 좋다.

파우더 팩트는 얼굴을 가볍게 쓸어준다는 기분으로 소량 바르는 것이 포인트다. 내장된 퍼프로는 양 조절이 어려워 두껍게 발리기 쉬우니 브러시로 바르는 것을 추천한다. 특히 화장이 뭉치거나 주름이 도드라지기 쉬운 눈 밑, 콧방울 옆 라인에는 브러시의 잔량만으로 스치듯이 가볍게 발라준다.

5단계 블러셔로
10년 더 젊고 생기 있게

4060에게 꼭 권하는 색조 메이크업이 바로 블러셔다. 요즘 블러셔를 강조한 메이크업이 유행인데, 사실 블러셔를 해야 하는 나이는 2030이 아니라 4060이다. 블러셔만 잘 사용해도 얼굴 전체에 생기가 돌고, 시선을 뺨에 붙들어두어 시각적인 리프팅 효과까지 톡톡히 누릴 수 있다.

블러셔만 하면 이상하게 촌스러워 보인다는 여성도 많다. 블러셔를 전혀 안 하다가 해도 왠지 자기 얼굴이 어색하게 느껴진다. 초보자라면 블러셔를 지나치게 넓게 또는 진하게 바르지 말고 한 듯 안 한 듯 가볍고 옅게 발라보자. 양 조절이 어렵다면 쿠션 제형의 블러셔를 추천한다. 쿠션 블러셔는 실수로 많은 양을 발랐어도 파운데이션용 퍼프로 가볍게 톡톡 두드려 말끔하게 지울 수 있으므로 부담 없이 쓰기 좋다.

양 조절과 힘 조절은 메이크업에서 아주 중요하다. 실패하지 않으려면 적은 양으로 진하지 않게, 여리여리한 느낌이 나도록 발라야 한다.

블러셔는 시작하는 위치가 중요하다. 옆 광대에서 시작해 볼 쪽으로 내려오는 식으로 바르면 광대 쪽만 색상이 두드러지고 정작 볼은 칙칙해 보인다. 자연스럽고 생기 있게 연출하려면 웃음볼(웃을 때 광대뼈 쪽으로 살짝 올라오는 볼 위치)에서 시작해 얼굴 외곽을 따라 C자를 그리면서 턱 쪽으로 내려오듯 바른다.

좀 더 생기 있게 보이고 싶다면 포인트를 주는 느낌으로 웃음볼 한가운데에 코럴 색상 블러셔를 한 번 더 살짝 찍어준다. 코럴 색상으로 한 포인트 살짝 콕 찍어주는 것을 일명 '모기 물려또? 블러셔'라고 귀여운 이름을 지어 뽀따TV 구독자들에게 소개한 적이 있다. 그만큼 블러셔는 젊고 생기 있는 피부를 원하는 4060에게 꼭 필요한 아이템임을 잊지 말자.

6단계 노즈 음영은 콧대 바깥쪽에

나처럼 코가 작고 낮은 코를 가진 분들은 노즈셰이딩에도 신경 쓸 수밖에 없다. 노즈셰이딩을 할 때는 눈썹 앞머리 부분부터 콧방울까지 펄이 없고 채도가 낮은 음영용 브라운 섀도로 자연스럽게 이어준다. 그리고 콧대 부분에는 하이라이터를 발라 입체감을 살려준다.

노즈셰이딩을 너무 콧대 안쪽까지 해주면 코가 날카롭고 좁아 보여 더 나이 들어 보이니 주의한다. 노즈셰이딩은 콧대에서 살짝 바깥쪽에 해야 콧대가 지나치게 날카롭지 않고 오똑하고 둥글게 연출되어 어려 보인다.

노즈업 하이라이터는 펄 입자 때문에 자칫 주름이 두드러질 수 있으므로 주름이 있는 미간부터 바르지 말고 미간 아랫부분부터 시작한다. 펄 입자가 아주 미세한 노즈업 하이라이터를 사용하면 펄 입자가 빛을 반사해 평면적인 얼굴에 입체감을 부여할 수 있다.

> **뽀따의 추천템** ✓
>
> 하이라이터 스타 아일랜드 컬러
> 오프라 코스메틱
>
> 비건 메이크업 브랜드 오프라 코스메틱에서 만든 하이라이터 스타 아일랜드 컬러는 미세한 펄 입자와 은은하고 영롱한 발색을 자랑한다.

7단계 아이 메이크업의 기초 공사, 아이섀도

우리 나이에는 눈이 처져서 인상이 흐릿해지기 쉬우므로 아이 메이크업이 무엇보다 중요하다. 그런데 아이 메이크업만 하면 너구리 눈이 되어 섣불리 도전하지 못하겠다는 사람이 의외로 아주 많다.

아이 메이크업이 번지는 원인은 과도한 유분기 때문이다. 메이크업 전 바르는 기초화장품의 양을 체크하고 자신의 피부에 맞게 조절해야 한다. 기초화장품의 양을 조절하지 않으면 아이 메이크업은 물론이고 깔끔한 메이크업, 초밀착 메이크업, 동안 메이크업과 거리가 멀어진다는 점을 명심하도록 하자.

먼저 파우더 타입의 연한 음영용 브라운 아이섀도로 눈가의 유분기를 잡아준다. 이때 쌍꺼풀 아래 속눈썹 가까이에서부터 쌍꺼풀 살짝 위까지 가볍게 쓸어주고 눈 아래 라인도 꼼꼼하게 발라주어야 쉽게 번지지 않고 지속되는 아이 메이크업을 완성할 수 있다.

그다음 포인트 아이섀도를 바르는데, 앞서 바른 음영용 브라운 아이섀도 위에 포인트 아이섀도를 눈두덩이까지 넓게 펴서 바르고 다시 덧바르는 식의 튜토리얼은 4060에게는 맞지 않는 아이 메이크업이다. 넓게 표현된 아이섀도 포인트 컬러는 메이크업이 과해 보인다. 그리고 시간이 지나 눈두덩이의 잔주름이 도드라지고 파우더 입자가 주름 사이에 끼거나 갈라질 수 있다. 맑고 깨끗한 아이 메이크업을 하고자 한다면 반드시 주의해야 할 점이다.

나이 들어 보이지 않고 실패 없는 4060 아이 메이크업의 관건은 아이섀도 컬러 표현이 쌍꺼풀 라인에서 크게 벗어나지 않는 것이다. 쌍꺼풀 라인에서 자연스럽게 그러데이션되는 정도로만 표현할 때 눈 주변 잔주름도 도드라지지 않고 깔끔한 눈매가 된다.

눈 앞머리와 꼬리 부분에는 포인트 아이섀도를 발라주되 쌍꺼풀 라인 위로 넓게 올라가지 않도록 주의하자. 쌍꺼풀 한가운데는 포인트 컬러보다 밝은 아이섀도를 사용하면 눈동자가 또

렷해 보이고 눈매가 시원해 보인다. 그리고 아이섀도 컬러는 쌍꺼풀 라인과 눈 아래 라인을 셋업으로 맞춰 단아하고 우아한 톤온톤tone on tone의 4060 아이 메이크업을 완성하도록 한다.

8단계 아이라인은
눈꼬리 부분에만

처진 눈이 고민이라면 아이라인을 눈 중간부터 또는 눈꼬리에만 그려야 한다. 눈 앞머리 쪽은 아예 아이라인을 그리지 않거나 점막 사이를 메워준다는 기분으로 점을 찍듯 그려주고, 눈꼬리는 살짝 올리듯 그려주면 처진 눈 모양이 보완되어 한결 생기 있고 또렷한 인상을 준다.

어떻게 아이라인을 그려도 어색해 보여 고민이라면 붓펜보다는 펜슬 타입의 아이라이너를 추천한다. 일필휘지로 아이라인을 그릴 생각을 버리고, 일단 펜슬 타입의 아이라이너로 부담 없이 눈꼬리만 올려보자. 그런 다음 그 위에 짙은 초콜릿 브라운 색상의 아이섀도를 펴 발라 자연스럽게 그러데이션을 해준다. 이런 식으로 스머징하면 아이라인 자체가 돋보이지 않아 혹시 아이라인을 살짝 잘못 그렸다고 해도 부담 없고 눈매도 한결 자연스럽고 깊어 보인다.

9단계 눈썹은 헤어 컬러에 맞춘다

눈썹 그리는 데 자신이 없다면 이 세 가지만 기억하자.

첫째, 아이브로 제품은 헤어 컬러와 최대한 비슷한 색상을 선택한다. 팔레트 타입의 가루 섀도 제품을 가지고 있다면 여러 색상을 섞어 최대한 헤어 컬러와 비슷하게 연출해보자.

둘째, 브러시에 아이브로 제품을 듬뿍 묻혀 눈썹 앞머리 부분부터 그리기 시작하면 짱구 눈썹처럼 되기 쉽다. 눈썹에서 가장 숱이 많고 진한 부분, 즉 눈썹 전체를 3등분했을 때 두 번째 부분부터 빈 곳을 메우듯 그려주고 눈썹 앞머리는 브러시 잔량을 이용해 가볍게 터치한다. 그래도 눈썹 앞머리 부분이 어색할 때는 눈썹 빗으로 살살 빗어 과도하게 묻은 아이브로 가루를 털어준다.

셋째, 처진 눈에는 살짝 아치형으로 솟은 눈썹이 가장 잘 어울린다. 완만한 사선을 그리며 위로 아주 살짝 솟았다가 눈꼬리 부분에서 자연스럽게 내려오는 형태다. 이런 눈썹을 만들려면 눈썹 앞머리는 윗부분을, 눈썹 뒤쪽 부분은 아랫부분을 신경 써서 잘 채워야 한다.

눈썹 산을 지나치게 뾰족하게 강조한 갈매기 눈썹이나 눈썹 가운데가 급격히 봉긋 솟은 아치형 눈썹은 나이 들어 보이니 피

한다. 눈썹 두께도 주의해서 그려야 한다. 두께가 너무 얇으면 나이 들어 보이고 사나워 보일 수 있다. 눈썹은 어느 정도 두께 감이 있어야 자연스럽고 젊은 인상을 준다.

10단계 입술에 생기가 돌아야 젊어 보인다

립 메이크업으로 생기 있고 탱탱해 보이는 입술을 연출해보자. 먼저 틴트를 발라 원래의 내 입술 색깔을 찾아준다. 너무 많은 양을 바르면 앞니에 틴트가 묻는 불상사가 생길 수 있다. 어차피 입술 바깥쪽은 립스틱으로 메울 테니 틴트는 입술 가운데 부위에 혈색만 준다는 기분으로 가볍게 발라준다.

그런 다음 립브러시를 이용해 입술 라인 부분을 누디한 느낌의 코럴 베이지 컬러 립스틱으로 바른다. 이때 입술 산을 뾰족하게 살리지 말고, 완만하고 자연스럽게 그려주고 먼저 바른 틴트 컬러와 어우러지도록 그러데이션을 살려 발라준다. 여기까지만 해도 좋지만 도톰하고 탱탱해 보이는 입술을 원한다면 립글로스를 소량 덧발라준다. 립글로스를 지나치게 많이 바르면 광택이 아니라 기름기로 보일 수 있으니 입술 위아래에 점을 찍듯 살짝만 발라준다. 그런 다음 위아래 입술을 가볍게 포개 마찰시켜 마무리한다.

이도 저도 다 귀찮고 바쁘다면
이것만은 챙기자

마스크를 써야 한다면 두 번 생각할 필요 없이 눈썹이 가장 중요하다. 하지만 메이크업을 어느 정도라도 해야 하는 날이면 아무리 바빠도 그동안 해왔던 눈썹과 립 메이크업에 딱 한 가지, 블러셔만큼은 반드시 추가하라고 권하고 싶다. 동양인의 피부 톤에 가장 무난하게 잘 어울리는 색상은 피치 빛 블러셔다. 립 메이크업만큼이나 얼굴에 생기를 주고 따뜻한 복숭앗빛 혈색으로 얼굴선을 감싸주는 블러셔로 10년 더 젊어지는 마법을 경험해보자.

홈케어로
팽팽하고 윤기 도는
피부 만들기

밀린 집안일은 몰아서 해치울 수 있지만 피부는 관리할 때를 놓치면 완벽하게 만회되지 않는다. 엉망진창으로 방치해도 관리만 시작하면 좋아질 것이라고 낙관해선 안 된다. 정 안 되면 피부과나 피부 관리 숍에 가면 되지 않느냐는 안이한 생각도 곤란하다. 시술의 위력이 아무리 대단해도 평상시 홈케어를 열심히 하지 않으면 그 효과는 제한적일 수밖에 없다.

피부 노화가 본격화되는 40대 이후로는 피부 홈케어가 특히 중요하다. 피부는 표피층, 진피층, 피하지방층으로 나뉘는데 이

중 주름과 밀접한 관련이 있는 것은 표피 아래에 있는 진피층이다. 진피층은 피부 세포를 지지하는 콜라겐, 유연성과 탄력을 담당하는 엘라스틴, 유수분 밸런스를 조절하는 히알루론산 등으로 구성되어 있다.

30대 이전에는 이 진피층 삼총사가 건강하고 충실하게 제 역할을 다하지만 40대 이상이 되면 콜라겐과 히알루론산이 감소하고 엘라스틴이 느슨해지면서 피부 노화가 두드러지기 시작한다. 이렇게 진피층의 밸런스가 무너지는 데는 나이뿐 아니라 생활 습관의 영향도 크다. 즉 평소에 어떤 습관이 있고 어떻게 관리하느냐에 따라 피부 노화가 앞당겨질 수도, 늦춰질 수도 있다는 의미다. 어찌 보면 40대 이후의 피부 상태는 그간 얼마나 좋은 생활 습관을 유지해왔는지, 피부 관리에 얼마나 노력을 기울였는지를 보여주는 성적표라고도 할 수 있다.

무엇보다 중요한 점은 피부 관리에 '한 방'은 없다는 사실이다. 때로 피부과나 피부 관리 숍을 방문해 전문가의 도움을 받을 수는 있지만 그보다 더 효과적이고 중요한 것은 일상에서 내 손으로 하는 피부 관리다.

여기서는 한때 피부 관리 숍을 운영하며 익히고 체득한 피부 관리 방법을 아낌없이 공개하고자 한다. 일주일에 딱 한 번, 40분 정도만 투자하면 10회 피부 관리 비용 100만 원을 들인 것과 같은 효과를 누릴 수 있다. 이튿날 아침 눈에 띄게 달라진 피부를 만난다고 장담한다. 뽀따가 자신 있게 소개하는 피부 홈케어 방법, 지금부터 차근차근 따라 해보자.

1단계 클렌징은 약산성 세안제로

세안에 앞서 잊지 말아야 할 일이 있다. 바로 손 씻기다. 손을 먼저 씻지 않으면 손에 있던 오염물질과 세균 때문에 세안제 거품이 풍성하게 나지 않고, 거품 자체가 오염되어 세정 효과를 제대로 볼 수 없다. 따라서 세안하기 전 반드시 손부터 깨끗하게 씻는 습관을 들이도록 하자.

메이크업을 한 날에는 메이크업 전용 세안제가 필요하다. 내가 즐겨 쓰는 제품은 저자극의 클렌징 티슈나 클렌징 워터다. 화장 솜에 클렌징 워터를 충분히 묻혀 한 방향으로 쓱쓱 메이크업을 닦아낸다. 클렌징 워터는 아낌없이 듬뿍 쓰는 것이 좋다. 화장 솜에 클렌징 워터를 충분히 적시지 않으면 메이크업을 닦아내는 손길에 힘이 들어가 피부를 자극할 수 있다.

글리터나 립 등 포인트 메이크업을 제거할 때는 클렌징 티슈를 사용하는 것이 좋다. 티슈 타입이라 간편하기도 하지만 여기에 배합된 약간의 오일 성분이 피부 자극 없이 순하게 메이크업을 지워준다.

메이크업을 다 지웠으면 2차 세안으로 넘어간다. 이 단계에서 가장 중요한 것은 약산성 세안제다. 건강한 피부의 pH 지수는 약 4.5~5.8, 즉 약산성이다. 그런데 세정력이 강하다는 이유로 알칼리성 세안제를 쓰면 어떻게 될까? 우리가 본래 지닌 천연 보습 인자로 구성된 피부 보호막이 씻겨나가 피부 유수분 밸런스가 무너지고 만다. 그 결과 피부가 건조해지고 세균이 번식하기 쉬워 뾰루지나 염증, 홍조가 생기기도 한다.

특히 40대 이후는 피부의 pH 지수가 약산성에서 알칼리성으로 변화하고 피부 장벽이 약해지는 때이므로 알칼리성 세안제가 더 자극적일 수 있다. 약산성 세안제는 아무리 헹궈도 미끄덩거려서 싫다는 사람도 있지만, 알칼리성 세안제 특유의 뽀드득하고 개운한 느낌을 즐기려다가는 피부 노화를 앞당길 수 있으니 주의해야 한다.

약산성 세안제에 이어 두 번째로 중요한 클렌징 원칙은 미온수 사용이다. 세안할 때 처음에는 따뜻한 물로 모공을 열어주고 클렌징을 마치고서는 찬물로 모공을 조여줘야 한다고 흔히들 말한다. 하지만 이렇게 물의 온도가 급격하게 바뀌면 모세혈관이 자극받아 피부가 예민해지면서 홍조가 나타나기 쉽다. 모세혈관 확장증이 있는 경우는 홍조 증상이 악화될 수 있다.

40대 이후로는 혈관 조절 능력이 떨어지므로 세안할 때 처음부터 끝까지 미온수를 쓰는 것이 좋다. 그 외에도 찬물 세안은 눈물샘의 유수분 조절을 방해해 안구건조증의 원인이 된다는 점을 기억하자.

세안을 마친 다음에는 수건으로 얼굴을 박박 문지르지 말고 지그시 눌러가며 물기를 제거해야 피부를 자극하지 않는다.

2단계 각질 제거는 부드럽고 순하게

깨끗하게 세안을 마쳤다면 이제 묵은 각질을 제거할 차례다. 오래된 각질이 피부 표면에 남아 있으면 피부색이 칙칙해 보일 뿐 아니라 아무리 좋은 화장품을 발라도 흡수되기 어렵고 피부 트러블이 생길 수도 있다. 따라서 각질을 주기적으로 제거해 피부 보호막을 유지하고 유수분 밸런스를 조절해줘야 한다.

40대부터는 피부가 얇아지고 예민해져 약한 자극에도 쉽게 손상된다. 때문에 각질 제거를 너무 자주, 강하게 하면 자칫 보호막까지 제거하게 되어 오히려 좋지 않다. 개인차는 있겠지만 일주일에 한 번 정도 부드럽고 순한 저자극 제품을 사용해 묵은 각질만을 제거하길 권한다.

먼저 각질 제거 제품을 얼굴에 도포하고 손에 힘을 뺀 채 부드럽게 롤링한다. 그런 다음 미온수로 가볍게 세안하고 수건으로 지그시 눌러 물기를 제거한다.

3단계 얼굴에 영양을 듬뿍!
1차 수제팩하기

자, 이제 당신의 피부는 묵은 각질이 탈락해 영양이 쏙쏙 잘 흡수되는 상태가 됐다. 이 기회를 놓치지 말고 영양을 듬뿍 공급하는 1차 팩을 해주자. 피부 관리 전 수제팩을 미리 만들어두었다가 쓰면 좋다. 내가 자주 소개하는 두 가지 수제팩을 공개한다.

먼저 호호바 오일과 알로에 젤을 섞은 '호호 알로 팩'을 만들어보자. 호호바 오일과 알로에 젤을 각각 한 숟가락씩 넣고 잘 저어주기만 하면 된다. 호호바 오일은 수분 손실을 막고 피부의 유수분 밸런스를 유지하는데, 여기에 알로에 젤을 섞으면 고급스러운 아이크림 제형이 된다. 이렇게 만든 팩을 팩 전용 붓으로 얼굴에 골고루 펴 바른 뒤 5~6분 있다가 미온수로 세안한다. 얼굴을 부드러운 수건으로 지그시 눌러 물기를 제거한다.

두 번째로 소개할 수제팩은 오트밀 가루와 우유를 섞은 '오트밀 우유 팩'이다. 오트밀은 비타민B와 미네랄이 풍부하고 진정 작용이 뛰어나다. 여기에 보습, 피부 보호막 형성, 유수분 밸런스 조절에 효과적인 우유를 섞으면 그야말로 민감성 피부와 찰떡궁합인 팩이 탄생한다.

오트밀 우유 팩은 다른 팩보다 건조 속도가 빠른 편이라 너

무 걸쭉해서는 안 되고 주르륵 흐를 정도로 묽어야 한다. 오트
밀 가루 두 숟가락에 우유를 넣는데, 묽은 제형이 되도록 양을
적절히 조절한다. 이렇게 만든 팩을 붓으로 얼굴 전체에 골고루
바르되 너무 빨리 마른다 싶으면 붓으로 우유만 찍어 얼굴에 살
살 펴 발라준다. 5분쯤 지나면 미온수로 닦아내고 부드러운 수
건으로 지그시 눌러 물기를 제거한다.

수제팩은 얼굴에 바르고 나서 시판 마스크팩보다 조금 빨리
닦아내야 한다. 5~10분 정도면 충분하다. 마르기 전에 닦아낸
다고 생각하면 좋다. 많이 피곤한 날은 여기서 소개하는 모든
단계를 따라 하지 않고 수제팩까지만 해도 된다. 여기까지만 하
고 피부 관리를 마치려면 수제팩을 닦아낸 후 토너로 얼굴을 부
드럽게 정돈한다. 그다음 에센스나 앰플, 유수분 밸런스 크림
등 평소 사용하는 기초 제품을 바르고 잠자리에 들면 된다.

무엇보다 수제팩은 방부제 성분이 들어가지 않아 쉽게 변질
하므로 그때그때 필요한 만큼만 만들어 사용하길 권한다.

4단계 피부 속 노폐물 싹 정리하는
림프 마사지

림프 마사지를 하면 림프 순환이 원활해지면서 안색이 맑아
지고 부종이 완화된다. 또한 경직된 근육이 풀어져 인상이 부드

러워지고 기초화장품의 흡수율도 높아진다.

림프 순환이 잘 이뤄지지 않고 흐름이 비정상적으로 막히면 림프부종이 생긴다. 얼굴이 푸석푸석해지고 부었다고 느껴질 때는 대체로 림프 순환에 문제가 있는 경우다. 림프 순환 장애는 각종 노폐물, 세균, 이물질 등을 운반하고 정화하는 림프와 림프절 기능을 떨어뜨린다. 그러면 몸의 면역 기능도 떨어지지만 피부 톤이 칙칙해지면서 부드러웠던 인상도 신경질적으로 보이거나 피곤해 보일 수 있다.

피부 관리의 모든 단계를 따라 하기 부담스럽다면 최소한 림프 마사지만이라도 꾸준히 해보길 바란다. 매일 1회 또는 일주일에 3회 정도 10분씩 2주간 꾸준히 해보면 그 효과를 톡톡히 볼 수 있다. 림프 마사지가 피부 관리의 꽃이라는 말도 있듯이 실제로 해보면 그 누구도 부인하지 못할 효과를 볼 수 있다.

평소에 늘 사용하는, 자신에게 잘 맞는 에센스를 얼굴 전체와 목, 쇄골 부위까지 골고루 발라준 다음 오른쪽 페이지의 림프 마사지 순서를 차근차근 따라 해보자.

그전에 림프 마사지에서 꼭 기억해야 하는 두 가지 포인트가 있다. 바로 압력과 속도다. 마사지할 때는 아기 피부를 다루듯 손가락에 힘을 빼고 부드럽게 살살 마사지해야 한다. 그리고 천천히 핸들링해야 한다. 기억하자. '손가락에 힘을 빼고 천천히' 마사지한다.

이렇게 압력과 속도에 유의해야 하는 이유는 바로 림프의 속성 때문이다. 강한 압력이 림프에 가해지면 림프의 흐름은 방해받는다. 림프가 흐르는 림프관에 압력이 가해지면 림프와 림프관은 순식간에 움츠러든다. 마치 위험을 감지한 거북이 머리를 쏙 집어넣고 나오지 않듯 림프도 움직이지 않는다. 빠른 속도의 핸들링에도 마찬가지다.

림프의 이런 속성을 충분히 이해하고 림프 마사지를 해야 한다. 그래서 나는 노래하듯 이야기한다. "압은 어루만지듯이~, 속도는 천천히~, 압은 어루만지듯이~, 속도는 천천히~!"

림프 마사지를 하면서 심호흡을 하면 더 효과적이다. 핸들링 중에 미리 바른 에센스가 건조해지면 에센스나 크림을 덧바르지 말고 피부에 편안한 수분 미스트를 뿌리면서 마사지하면 원활한 핸들링을 할 수 있다.

이제 순서에 따라 림프 마사지를 해보자. 모든 단계는 5회씩 반복한다.

1. 먼저 '큰 쓰레기통'이라 불리는, 귀 뒤의 프로펀더스profundus를 열어주는 동작으로 시작한다. 엄지손가락을 제외한 나머지 네 손가락으로 귀 뒤쪽을 부드럽게 어루만져준다.

2. 다음은 '최종 처리장'이라 불리는, 쇄골 안쪽 터미누스terminus를 열어주는 동작이다. 엄지손가락을 제외한 나머지 네 손가락으로 목부터 쇄골 라인을 따라 바깥쪽에서 안쪽으로 천천히 훑어 내려온다.

3. 양손의 엄지손가락으로 턱에서 귀 뒤까지 턱선을 따라 천천히 훑어 올라간다.

4. 양손의 둘째·셋째·넷째 손가락으로 입술 아랫부분에서 귀까지 활 모양을 그리며 어루만지듯 훑어준다.

5. 양손의 둘째·셋째·넷째 손가락으로 입꼬리에서 귀까지 활 모양을 그리며 어루만지듯 훑어준다.

6. 양손의 둘째·셋째·넷째 손가락으로 인중에서 귀까지 활 모양을 그리며 어루만지듯 훑어준다.

7. 양손의 둘째·셋째·넷째 손가락으로 콧방울에서 귀까지 활 모양을 그리며 어루만지듯 훑어준다.

8. 양손의 둘째·셋째·넷째 손가락으로 눈 밑 2센티미터 부근에서 헤어라인까지 활 모양을 그리며 어루만지듯 훑어준다.

9. 양손의 중지로 눈 앞머리에서 관자놀이까지 활 모양을 그리며 어루만지듯 훑어준다. 눈 앞머리는 피부가 얇아 예민하므로 손가락에 힘을 더 빼고 살살 마사지한다.

10. 양손의 셋째 손가락은 눈썹 위에, 넷째 손가락은 눈썹 아래 둔 채로 눈썹 앞머리에서 헤어라인까지 갈매기 모양을 그리며 어루만지듯 훑어준다.

11. 오른손의 엄지손가락을 제외한 나머지 네 손가락으로 이마 전체를 왼쪽에서 오른쪽으로 어루만지듯 훑어준다. 곧이어 왼손의 엄지손가락을 제외한 나머지 네 손가락으로 이마 전체를 오른쪽에서 왼쪽으로 어루만지듯 훑어준다.

12. 11번 동작을 양손 번갈아 1회 한 다음 모든 림프를 쫙 쓸어준다는 기분으로 얼굴선을 따라 내려와 귀 뒤로 간다.

13. 귀 뒤를 쓸어주는 1번 동작과 쇄골 안쪽을 쓸
    어주는 2번 동작을 각 5회 반복한다.

14. 턱살, 목살이 고민이라면 3번 동작을 5회 추가
    한 후 13번 동작으로 마무리한다.

'뽀따의 림프 마사지' 영상 보기

5단계 '그날그날 컨디션에 따라'
2차 시트팩하기

마지막 관리는 마스크팩 붙이기다. 얼굴에 마스크팩을 하는
동안 목에는 에센스를 듬뿍 적신 화장 솜을 붙이거나 마스크팩
포장 속에 남은 에센스를 시트 솜에 적셔 올리자. 집에 뷰티 디
바이스가 있다면 얼굴에 마스크팩을 붙인 채 그 위로 림프 흐름
을 따라 마사지를 해도 좋다(마스크팩이 큐프라 원단일 경우만 가
능하다).

마스크팩과 관련해 4060에게 한 가지 당부하고 싶은 점이 있
다. 바로 1일 1팩을 꼭 하지 않아도 된다는 점이다. 언제부턴가
1일 1팩이 유행하면서 구독자분들의 질문이 쏟아지고 있다. '주
변에서는 1일 1팩으로 피부가 좋아지긴커녕 오히려 더 민감해
졌다고 하는데 괜찮은 건가요?' '1일 1팩을 하고 나서 피부에
뾰루지가 났어요' 등. 내 경험도 크게 다르지 않다. 일부러 며칠
간 1일 1팩을 꾸준히 해봤더니 자극을 받았을 때처럼 피부가 상

기되고 약간 거칠어진 느낌이었다.

1일 1팩을 일정 기간 꾸준히 해보고 깨달은 사실은 이것이 단순히 피부에 좋으냐 나쁘냐의 문제가 아니라 '피부 상태와 컨디션'에 따른 관리가 중요하다는 점이었다. 목이 말라 충분히 물을 마셨는데 계속 물을 먹으라고 한다면 고역일 것이다. 또 체질 분석과 검사 없이 매일 보약을 먹다가는 코피를 쏟을 수 있다. 마찬가지로 피부도 상태와 컨디션에 따라 다르게 관리하는 것이 중요하다.

피부과 시술을 받고 열이 내린 후 진정이 필요한 피부 상태에서 붉은 기와 예민함을 빠르게 잠재우는 강력한 진정 마스크팩을 매일 3~4일 정도 해주는 것은 도움이 된다. 또한 스페셜 필링 후 진정과 보습에 탁월한 마스크팩을 3일 정도 해주는 것도 아주 적합한 관리다.

결국 1일 1팩이라는 말은 뷰티 시장을 유행처럼 휩쓸고 지나간 마케팅 용어였다. 문제성 피부도 아니고 특별한 시술도 하지 않았다면 일주일에 한두 번 정도 관리하는 게 가장 적당하다.

마스크팩을 할 때 주의할 점이 있다. 팩을 너무 오래 붙여두지 않도록 하자. 15~20분 정도 지나면 떼어내는 것이 좋다. 팩을 붙이고 시간이 지났는데도 촉촉하다고 생각해서 너무 오랜 시간 붙이고 있거나 잠이 드는 경우가 있다. 하지만 그러면 피부에 수분을 공급하는 게 아니라 가지고 있던 수분마저 빼앗겨 피부가 자극을 받고 건조해질 수 있다.

　마지막으로, 마스크팩을 떼는 걸로 피부 관리가 끝났다고 생각하면 안 된다. 반드시 유수분 밸런스 크림으로 마무리를 해줘야 한다. 보습 크림의 보습막이 시트팩의 유효 성분을 가두어 피부에 잘 흡수되고 잘 기능하도록 도와주기 때문이다.

만질만질한
속살 만드는
특급 보디케어

세월은 얼굴만 스쳐 가진 않는다. 그럼에도 대부분 사람이 얼굴 관리에만 시간과 정성과 돈을 쏟아붓고 다른 곳에는 무관심한 것 같다. 사실 고급스러움은 메이크업이나 헤어, 옷이나 장신구로도 드러나지만 말끔하고 윤기 나는 발꿈치, 잘 손질된 보드라운 손등에서도 엿보인다.

하지만 이런 부분이 남들 눈에 어떻게 보일까보다 더 중요한 문제가 있다. 사소한 부위를 관리하지 않아서 생기는 통증과 불편함은 절대 사소하지 않다는 사실이다. 가령 발뒤꿈치 각질을 관리하지 않고 방치하면 여름에 샌들을 신을 때 보기 흉한 정도로 끝나는 게 아니라 겨울에 심각한 피부질환으로 악화될 수 있다. 따라서 평소 눈에 잘 띄지 않는 부위일수록 더 세심하게 가꾸고 관리해야 한다.

전신 피부, 발꿈치와 발등, 손과 입술 등 자칫 소홀히 하기 쉬운 부위를 어떻게 하면 건강하게 관리할 수 있을까? 여기서는 그 구체적인 방법을 소개한다. 번거롭고 귀찮아도 일주일에 한 번, 시간을 정해두고 꾸준히 실천해보길 바란다.

일주일에 한 번,
나를 위한 홈스파 보디 테라피

보디 관리의 기본도 약산성 클렌저다. 리트머스 종이로 직접 시험해보니 시중에서 구할 수 있고 가격이 어느 정도 되는 보디 클렌저는 대부분 약산성이었다. 자신이 지금 쓰고 있는 제품이 알칼리성은 아닌지 불안하다면 직접 리트머스 종이를 이용해 테스트해보는 것도 좋겠다.

보디 관리의 첫 단계는 다음과 같다. 평소에는 약산성 보디 클렌저로 샤워만 하고, 일주일에 한 번 스페셜 관리로 각질 제거를 해준다. 하지만 각질 제거를 한다고 때밀이 수건으로 피부를 박박 문지르면 묵은 각질뿐 아니라 건강한 각질과 피부 보호막까지 벗겨져 건조증과 주름 증가의 원인이 된다. 피부 탄력이 떨어지는 것은 물론 각질도 더 많이, 더 두껍게 만들어져 고질적인 피부 건조증이 지속해서 나타날 수 있다. 우리 몸이 본래 지닌 피부 재생력을 해치지 않고 묵은 각질만 제거하려면 때를 밀지 말고 각질 제거용 스크럽이나 보디 필링워터를 활용하되, 반드시 자극이 적은 순한 제품을 쓰도록 한다.

기존 보디용 스크럽은 아무리 순해도 기본적으로 자극이 있는 경우가 많아서(특히 40대 이후로는 약간의 자극만으로도 피부 장벽이 쉽게 무너질 수 있다) 대신 세안용 필링 젤을 쓰는 것을 권장했다. 그런데 최근 사우나 등 대중목욕탕 이용이 어려워지면서 홈케어 제품에 대한 관심이 높아졌고 많은 브랜드에서 앞다투어 보디 필링 제품을 선보이고 있다. 피부에 강한 자극을 주는 때밀이 수건이나 입자 굵은 보디스크럽을 쓰기보다는 적절한 보디 필링 제품을 선택해서 피부 노화를 방지하도록 하자.

뽀따의 추천템

배쓰앤글로우
컬러딥
망고, 아보카도 추출물과 온천수 등 착한 성분으로 구성된 보습력과 영양이 좋은 보디 필링제! 씻고 나면 피부에 윤기가 도는 마무리감이 특히 좋다.

각질 제거와 함께 전신 림프 마사지를 해주면 더욱 좋다. 하체부터 시작해 상체로 천천히 올라오면서 각질 제거와 림프 마사지를 동시에 한다고 생각하면 된다. 각질 제거뿐 아니라 몸속 노폐물을 제거하고 림프와 혈액 순환을 원활하게 해주는 전신 림프 마사지 방법을 소개한다.

1. 약산성 보디클렌저로 몸을 씻은 뒤 수건으로 물기를 가볍게 제거한다.

2. 발바닥 한가운데 옴폭 들어간 부분을 용천혈이라고 한다. 이곳을 주먹 쥔 손으로 가볍게 톡톡톡 두드린다.

3. 세안용 필링 젤을 손에 듬뿍 짜서 발부터 종아리까지 둥글게 문지르면서 올라온다.

4. 양다리 오금 부위를 양손으로 문질러준다.

5. 오금을 거쳐 허벅지까지 둥글게 문지르며 올라온다.

6. 서혜부 림프, 즉 Y존을 바깥쪽에서 안쪽으로 밀듯이 톡톡톡 두드린다.

7. 엉덩이 부분을 둥글게 문질러준다.

8. 배꼽 위 5센티미터 위쪽이 복부 림프절이다. 이 부위를 시계 방향으로 천천히 문질러준다.

9. 가슴을 바깥쪽에서 안쪽으로, 아래쪽에서 위쪽으로 밀면서 문지른다.

10. 손끝에서 겨드랑이까지 천천히 쓸어가며 마사지한다.

11. 허리에서 겨드랑이 쪽으로 밀듯이 가볍게 톡톡톡 두드리며 올라온다.

12. 겨드랑이를 톡톡톡 두드리다 마사지하고 이것을 반복한다.

13. 어깨에서 쇄골 안쪽을 향해 부드럽게 쓸어주며 마사지한다.

이렇게 세안용 필링 젤을 듬뿍 묻힌 손으로 전신 림프 마사지를 하면 각질이 효과적으로 제거될 뿐 아니라 혈액 순환과 신진대사가 원활해져 보디라인이 정돈되고 살이 쉽게 잘 빠지는 컨디션이 된다.

각질 제거와 림프 마사지를 마친 뒤에는 미온수로 가볍게 몸을 헹구고 수건으로 톡톡 두드려가며 물기를 제거한다. 그런 다음 전신에 보디로션을 발라주는데 이때 오일을 한두 방울 섞어주면 피부에 더 잘 흡수된다. 오일을 섞어 바르기가 번거롭다면 보디로션에 천연 식물성 오일과 비타민, 펩타이드, 세라마이드, 히알루론산과 같은 안티에이징 성분이 모두 함유된 제품을 사용하면 제일 좋은 마무리 관리가 될 듯싶다.

가슴과 등 쪽에 여드름이 많이 나는 체질이라면 이 부위에는 로션이나 오일을 바르지 말고 화장 솜에 토너를 묻혀 가볍게 발라주는 정도로 마무리한다.

주름 하나 없는
매끈한 목 피부 관리법

얼굴 주름은 가릴 수 있어도 목주름은 감추기 어렵다. 얼굴처럼 메이크업이나 시술을 할 수도 없고 사계절 내내 터틀넥 상의를 입을 수도 없다. 그렇다 보니 얼굴은 관리가 잘되어 팽팽한데 목주름이 유독 선명하게 눈에 띄는 중년 연예인도 심심찮게 보인다. 이렇게 노화의 바로미터인 목 피부를 잘 관리하려면 어떻게 해야 할까?

첫 번째 비결은 림프 마사지다. 목선이 굵어지고 울퉁불퉁해지는 건 노폐물과 찌꺼기가 배출되지 못해 고이고 쌓였기 때문이다. 림프 마사지를 통해 림프 순환과 신진대사를 원활하게 하고 경직된 근육을 풀어주어 부종을 가라앉히면 목선을 매끈하고 탱탱하게 가꾸는 데 도움이 된다. 구체적인 방법은 앞서 소개한 얼굴 림프 마사지 마지막 부분을 참고하자.

두 번째 비결은 얼굴 관리하듯 목도 관리하는 것이다. 목 관리는 얼굴에 바르고 남은 보습제를 대충 바르는 것으로 갈음하는 경우가 많다. 그러나 목은 피부가 얇고 피지선이 거의 없어서 얼굴보다 더 건조한 부위이므로 보습에도 훨씬 더 신경 써야 한다. 가장 좋은 방법은 얼굴을 케어하듯 목도 똑같이 신경 써서 관리하는 것이다. 얼굴에 바르는 기초화장품을 꼼꼼히 바르되 목 피부는 마치 눈가 피부처럼 얇기 때문에 아이크림같이 가벼운 제형을 발라주는 것이 좋다.

목에 기초화장품을 바르면 목이 끈끈해져서 싫다는 분들도 있는데, 목을 보송보송하게 유지하면서 보습할 방법은 없다. 건조함은 노화를 촉진하고 노화는 주름으로 이어진다. 목도 세심하게 관리해야 한다.

한편 자외선 차단제를 얼굴에만 바르고 목에는 바르지 않는 사람이 많다. 목도 늘 햇빛에 노출되는 부위라는 사실을 잊으면 안 된다. 자연적 생체 노화의 속도보다 자외선에 따른 노화의 속도가 훨씬 더 빠르다. 외출할 때 목에도 반드시 자외선 차단 제를 발라야 한다는 것을 잊지 말자.

세 번째 비결은 내 몸에 잘 맞는 베개를 쓰는 것이다. 노화 주름은 세로로, 생활 주름은 가로로 생긴다. 내 목에 가로 주름이 많다면 일상에서 잘못된 자세를 취한 탓으로 보면 된다. 목에 가로 주름을 새기는 대표적인 원인이 높은 베개다. 베개를 벤 채로 사진을 찍었을 때 목에 주름이 잡히면 베개가 높다는 뜻이 므로 더 낮은 베개로 바꾼다. 이 외에 고개를 숙인 채로 책이나 휴대전화를 오래 보는 습관, 옆으로 누운 자세 등도 목에 생활 주름을 만드는 주범이니 주의한다.

네 번째 비결은 목 스트레칭이다. 목의 광경근과 목빗근이라 는 근육이 약해지면 목 피부가 늘어지고 주름이 생기기 쉽다. 평소 목 스트레칭을 꾸준히 해주면 이 두 근육을 단련해 주름을 예방할 수 있다.

목 스트레칭은 다음과 같이 할 수 있다. 뒤로 손깍지를 한 채로 팔을 쭉 펴고 목을 뒤로 젖힌다. 이 자세로 "아~~, 음~~." 소리를 5~10회 반복해서 낸다. 이렇게 하면 광경근의 수축과 이완을 유도할 수 있다. 소리를 안 내고 입 모양만 흉내 내도 효 과는 같다.

그런 다음 뒤로 손깍지를 한 자세를 유지한 채 정면을 바라보고 목을 천천히 오른쪽으로 당겨주었다가 돌아오고, 왼쪽으로 당겨주었다가 돌아온다. 이 동작을 5~10회 반복한다.

누구나 쉽게 따라 할 수 있는
섬섬옥수 관리법

요즘은 시술이나 메이크업 덕분에 얼굴만 보고는 나이를 가늠하기 어렵다고들 한다. 그렇지만 손은 얼굴보다 노화가 비교적 뚜렷하게 드러난다. MBC 예능 프로그램 〈복면가왕〉의 출연자들이 가면뿐 아니라 장갑까지 착용하는 이유도 손을 보면 대략적인 나이를 유추할 수 있어서다.

손이 얼굴보다 더 빨리 늙는 것은 다른 부위와 비교해 손등의 피부가 훨씬 얇고 피지선이 없어 유수분 밸런스를 유지하기 어렵기 때문이다. 환경적인 요인으로는 피부 노화의 주범인 자외선에 끊임없이 노출되는 부위인데도 얼굴과 달리 자외선 차단을 위한 노력을 소홀히 한다는 점이 있다. 또 일상에서 물이나 세제와 자주 접촉해 유분기를 계속 빼앗긴다는 점도 손의 노화를 재촉하는 원인이다.

하지만 손도 얼굴처럼 관리하기 나름이다. 일단 손을 자극적인 환경에 노출하지 말아야 한다. 설거지, 요리, 밭일 및 정원

일, 화장실 청소 등을 할 때는 꼭 장갑을 착용하고 외출할 때는 자외선 차단제를 꼼꼼하게 바른다.

손을 씻을 때는 지나치게 뜨겁거나 차가운 물을 피하고 미온수를 쓰도록 하자. 세면대에 흔히 두고 쓰는 비누는 대개 알칼리성이므로 약산성 손 세정제로 바꾸길 권한다. 손 세정제 대신 약산성 보디클렌저를 써도 좋다. 씻고 난 뒤에 젖은 손을 바람으로 말리면 더 건조해지므로 물기는 반드시 수건으로 닦아주자. 손을 씻은 후에는 잊지 말고 꼭 핸드크림을 발라주어 촉촉함을 유지하도록 한다.

일주일에 한 번 정도는 손에도 스페셜 관리를 해주면 좋다. 누구나 어렵지 않게 따라 할 수 있는 뽀따표 스페셜 손 관리법을 소개한다. 돈 한 푼 들이지 않고도 마치 전문 관리를 받은 것처럼 손이 매끈하고 부드러워질 것이다.

1. 손을 약산성 세정제로 깨끗하게 닦고 미온수로 헹군 뒤 수건으로 물기를 닦는다.

2. 세안용 필링 젤을 손에 바르고 문질러 묵은 각질을 제거한 다음, 미온수로 헹구고 수건으로 물기를 닦는다.

3. 평소 모아둔 화장품 샘플에서 에센스나 보습제를 찾아 두세 개 짜준다. 여기에 보디오일을 섞어 손에 바르고 5~10분간 마사지한다. 손등과 손가락 뼈마디 등을 부드럽게 롤링해준다.

4. 마사지를 마쳤으면 손을 닦지 않은 채로 일회용 장갑을 끼고서 손목

부위에 투명 테이프를 한 바퀴 둘러 붙여 공기가 통하지 않게 봉한다.
이 상태로 휴대전화나 TV를 보면서 느긋하게 30분을 보낸다.

5. 시간이 다 되었으면 일회용 장갑을 벗고 미용 티슈나 키친타월로 손바닥의 유분기를 살짝 닦아낸다.

부르트고 피 나는 입술,
촉촉하게 가꾸는 비결

어릴 땐 입술에 각질 하나 없었는데 요즘은 환절기마다 입술이 트고 갈라져 너무 괴롭다는 댓글을 많이 본다. 입술 피부는 연약하고 얇은 데다 피지선과 땀샘이 발달하지 않아 다른 부위 피부보다 더 쉽게 건조해진다. 립밤을 꼬박꼬박 발라도 입술 각질이 가라앉지 않는다면 이런 방법을 한번 써보자.

먼저 립밤을 잘 골라야 한다. 내가 선호하는 립밤은 호호바 오일 성분을 함유한 제품이다. 호호바 오일은 피지와 유사한 지방산 구조를 지니고 있어 피부 친화력이 높고 수분 손실을 잘 막아준다고 한다. 고보습의 대명사인 시어버터가 들어간 립밤을 선택해도 좋다.

낮에는 이런 성분이 함유된 립밤을 꾸준히 발라주고, 밤에는 립밤 위에 쫀득한 립 에센스를 덧바른다. 그래도 보습이 부족하다 싶으면 립밤과 립 에센스를 바른 뒤에 꿀을 발라준다. 꿀은 비타민, 무기질, 아미노산이 풍부해 천연 보습제로 불린다.

입술 각질을 제거할 때도 꿀을 활용하면 좋다. 먼저 화장 솜 세 장을 따뜻한 물에 담갔다가 물기를 꼭 짠다. 립 에센스와 꿀을 섞어 솜 한 장에 묻힌 다음 입술 각질을 살살 벗겨낸다. 그런 다음 나머지 솜 두 장으로 입술을 깨끗하게 닦아주고 그 위에 립밤, 립 에센스, 꿀 순서로 발라준다.

인터넷에서 설탕과 바셀린, 꿀을 섞어 입술의 각질을 제거하라는 팁도 나오는데 이 방법은 추천하고 싶지 않다. 입술은 매우 연약한 점막이라 설탕 알갱이로만 문질러도 쉽게 자극받고 상처가 날 수 있다. 만일 시간이 없을 때 아주 간단하게 입술 각질 관리를 하고자 한다면 저자극 필링패드로 입술을 살살 닦아 내듯 각질을 제거한 후 립밤으로 보습을 해준다. 각질 제거 후 보습은 반드시 짝꿍처럼 함께 해줘야 하는 관리임을 잊지 말자.

골칫거리 발꿈치 각질, 말끔하게 관리하기

날씨가 더워지기 시작하면 밀린 숙제를 하듯 발꿈치를 점검하게 된다. 발꿈치 각질은 한 달만 관리를 소홀히 해도 허옇고 두껍게 자리를 잡는 데다 단시간에 제거되지도 않아서 평소 주기적으로 관리해야 한다.

밤에 발을 씻은 후 발꿈치 각질 제거 제품을 마사지하듯 듬뿍 바르고서 발꿈치 패드를 착용하고 양말을 신는다. 그 상태로 잠자리에 들었다가 아침에 양말과 발꿈치 패드를 벗고서 발꿈치를 손으로 문지르면 지우개 똥 같은 각질이 밀려 나온다. 그러면 발꿈치용 버퍼로 각질을 제거한 다음 물로 발을 헹구고 다시 각질 제거 제품을 발라준다. 이때는 얼굴에 보습제를 바르듯이 그냥 흡수시키면 된다.

> **또따의 추천템** ✓
>
> **유리아 크림**
> 한미약품
> 주부습진, 손·발바닥 각피증, 건피증 등에 쓰는 의약품으로 우레아라는 성분이 들어 있어 보습과 각질 제거에 효과적이다. 약국에서 처방전 없이 살 수 있고 가격도 매우 저렴하다.
>
> **보스비 풋패드**
> (주)보스비
> 가격도 저렴하고 두께도 꽤 얇아서 양말 속에 신어도 크게 불편함이 없다. 발꿈치 각질로 고생하는 분들에게 강추!

이런 식으로 이틀에 한 번 각질을 관리하면 나중에는 발꿈치가 보들보들해지면서 각질이 거의 나오지 않는다. 그때는 굳이 버퍼를 쓸 필요 없이 발을 씻은 뒤 각질 제거 제품을 바르고 흡수시키기만 하면 된다.

묵은 각질을 정리하기도 전에 샌들을 신어야 한다거나 외출해서야 발꿈치 각질을 발견했다면 어떻게 해야 할까? 이럴 때는 로션을 발라봤자 소용이 없다. 호호바 오일 성분의 립밤이나 립 에센스를 바르면 발꿈치에 즉각적인 윤기를 제공해 각질을 잠시나마 잠잠하게 만들 수 있다.

나이가 들면 발등의 피부도 건조해지고 거칠어진다. 이럴 때 응급처치로 좋은 것이 화장품 샘플이다. 에센스나 보습제 샘플을 다섯 개 정도 뜯어 발 전체에 고루 발라준 다음 일회용 비닐봉지를 씌우고 양말을 신는다. 이 상태로 서너 시간 방치했다가 양말과 비닐봉지를 벗고 남은 유분기를 키친타월이나 미용 티슈로 가볍게 닦아 마무리한다.

인상의
90퍼센트는
헤어가 결정한다

가끔 댓글에서 이런 질문을 받을 때가 있다.

"어떻게 하면 뽀따 언니처럼 머리숱이 많아질 수 있어요?"

"뽀따 언니 머릿결은 어쩜 그렇게 좋아요? 정말 부러워요."

이런 말을 들을 때마다 새삼 신기하고 낯설다. 그간 머릿결과 두피에 들인 노력과 관리가 드디어 결실을 보나 싶어 감격스럽기도 하다.

고백하면 얼마 전까지만 해도 내 머리는 총체적 난국이었다. 타고난 머리숱이 워낙 적은 데다 갱년기 이후로는 모발이 약해지고 가늘어지기까지 해서 정수리가 눈에 띄게 허전해졌다. 옷 가게를 하는 동안 머릿결을 관리하지 못한 탓도 컸다. 가게 앞에서 기다리고 있다는 손님 전화라도 받는 날엔 샴푸 거품을 헹구는 둥 마는 둥, 시간에 쫓겨 뜨거운 바람으로 머리를 휙 말리고는 정신없이 집을 나서곤 했으니 머릿결이 멀쩡할 리가 없었다.

그랬던 내가 어느덧 머릿결 좋다는 소리를 제법 듣는다. 푸석푸석한 빗자루 같던 머릿결에 윤기가 돌기까지 사실은 안 해본 일이 없다. 모발 건강을 다룬 책이나 잡지로 공부도 하고, 입소문 난 샴푸와 트리트먼트, 헤어팩을 고루 써보고, 단골 헤어 디자이너 선생님에게 상담도 받았다. 그러면서 깨달은 한 가지는 모발도 평상시 기본 관리가 중요하다는 것이다.

올바른 방법으로 샴푸하고 드라이한다는 기본을 꾸준히 잘 지키기만 해도 상한 머릿결을 살리고 탈모를 막는 데 큰 도움이 된다. 하지만 이 기본 관리를 소홀히 하면 미용실에서 수십만 원을 쓰고도 큰 효과를 보기 어렵다.

머리 감고 말리는 건 누구나 매일 하는 일인데 그것도 관리라고 할 수 있냐고 물을지도 모른다. 하지만 매일 머리 감는 일이야말로 정말 중요한 관리다. 좋은 열매를 맺으려면 땅이 건강해야 하듯 모발에 윤기와 힘이 있으려면 두피가 건강해야 하는데, 이 두피 건강을 좌우하는 것이 바로 세정이다. 평소 두피를 깨끗하게 관리해야 혈액 순환이 원활해지면서 두피 트러블이 생기지 않고 탈모 증세가 완화되며 모근이 튼튼해질 수 있다.

'내 인생 마지막으로 찰랑거리는 긴 머리 한번 해보고 싶어요', '머리 감을 때마다 한 움큼씩 빠지는 머리카락이 아까워 죽겠어요', '머리카락에 힘이 없으니 파마든 컷이든 스타일이 살지 않아요' 같은 고민 대부분은 샴푸와 드라이 방법만 바꿔도 해결할 수 있다. 큰돈 들이지 않고 홈케어만으로 건강하고 윤기 나는 머릿결을 되찾고 탈모 스트레스에서 벗어나는 비결, 지금부터 알아보자.

1단계 샴푸 전 마른 모발에 빗질하기

머리 감기 전 빗질을 하면 두피의 혈액 순환이 원활해지고 엉킨 머리카락이 풀어져 샴푸 시 노폐물과 오염물질이 훨씬 효과적으로 제거된다. 단, 젖은 머리를 빗질하면 오히려 역효과가 나니 주의해야 한다. 모발이 물에 젖으면 모표피에 해당하는 큐티클이 열리는데, 이런 상태에서 빗질과 같은 반복적인 마찰과 자극이 가해지면 큐티클이 손상되어 머릿결이 푸석해지고 약해진다.

2단계 미온수로
두피 골고루 적셔주기

샴푸 전 중요한 단계가 또 있다. 물로 두피를 충분히 적셔주는 것이다. 두피까지 충분히 젖지 않은 상태에서 샴푸를 하면 거품이 잘 나지 않아 세정 효과가 떨어진다.

이때 물의 온도도 중요하다. 세안할 때와 마찬가지로 머리를 감을 때도 미온수를 써야 두피를 자극하지 않고 세정 효과도 좋다. 찬물은 시원한 느낌은 있지만 세정 효과가 미온수보다 떨어진다. 따뜻한 물도 마찬가지다. 따뜻한 물로 머리를 감아야 기름기와 노폐물이 더 잘 제거될 것 같지만 실은 모발이 딱딱해져 샴푸는 물론 트리트먼트나 헤어팩의 효과도 떨어지기 쉽다.

3단계 두말하면 잔소리,
샴푸도 무조건 약산성

큰맘 먹고 미용실에서 15만 원이나 하는 헤어트리트먼트 시술을 받았는데 머릿결이 전혀 개선되지 않아 속상하다는 얘기를 종종 듣는다. 처음 하루 이틀은 찰랑찰랑한 것 같다가도 한두 번 머리 감고 나면 도루묵이 된다는 것이다.

원인은 알칼리성 샴푸에 있다. 헤어트리트먼트란 모발의 알칼리 성분을 제거해 pH 밸런스를 맞추고 피질에 단백질을 침투시켜 모발을 건강하고 윤기 있게 만드는 것이다. 그런데 집에 돌아와 알칼리성 샴푸로 머리를 감으면 어떻게 될까? 트리트먼트로 기껏 맞춰놓은 pH 밸런스가 무너지고 모발이 알칼리성으로 변하면서 15만 원 들인 트리트먼트 효과가 샴푸 거품과 함께 씻겨 내려가고 만다.

두피에도 알칼리성 제품을 피하고 약산성 제품을 사용해야 한다. 알칼리성 샴푸로 피지를 과하게 제거하면 유수분 밸런스가 깨져 각질이 더 많이 만들어지면서 비듬, 가려움증, 뽀루지, 탈모 등이 쉽게 생길 수밖에 없는 두피 환경이 된다. 또 드라이어나 고데기 같은 열에 단백질이 쉽게 변성되고 깨져 머릿결이 전반적으로 윤기를 잃고 푸석푸석해진다.

마트에서 손쉽게 구할 수 있는 샴푸는 대부분 알칼리성이라고 보면 된다. 저렴한 대용량 제품이라고 선뜻 사지 말고 pH 지수가 약산성인지, 두피에 자극적이고 모공을 막는 파라벤, 실리콘, 계면활성제 성분은 없는지 꼼꼼하게 따져가며 고르자.

4단계 샴푸질은 언제나 두 번

빨래나 설거지를 할 때와 마찬가지로 머리를 감을 때도 애벌 단계를 거치면 세정이 훨씬 잘되고 오히려 샴푸 시간도 단축되어 좋다. 애벌 샴푸는 꼼꼼하게 하지 않아도 된다. 머리카락에 묻은 기름기와 노폐물을 대강 씻어준다는 느낌으로 머리카락 사이를 부드럽게 훑어주는 걸로 충분하다. 어차피 한 번 더 머리를 감아줄 테니 거품이 잘 나지 않아도 샴푸를 추가하지 말고 미온수로 헹궈준다.

그런 다음 본격적인 샴푸에 들어간다. 샴푸를 두세 번 펌핑해 손에서 거품을 충분히 낸 다음 앞머리, 옆머리, 뒷머리 순으로 손가락을 이용해 부드럽게 씻어준다. 애벌 샴푸를 거친 뒤라서 거품이 훨씬 풍성하게 날 것이다. 뒷머리 쪽을 씻을 때 샴푸 거품이 다소 죽었다 싶으면 샴푸를 한 번 더 펌핑해서 거품을 내 줘도 좋다.

5단계 샴푸 중
두피 순환 마사지 하기

두피와 머리카락 전체에 거품이 있는 상태에서 두피 순환 마사지를 해주면 좋다. 두피를 마사지하면 혈액 및 림프 순환이 원활해지면서 모근이 건강해지고 트리트먼트의 영양 성분이 모근까지 잘 전달된다. 얼굴 림프 마사지보다 훨씬 간단하니 귀찮더라도 머리 감을 때마다 잊지 말고 두피 마사지를 해주자.

154

1. 헤어라인 중앙에서 양쪽 관자놀이까지 양손의 손가락으로 꾹꾹 눌러 준다('꾹꾹이').

2. 1번과 같은 부위를 손가락 힘을 빼고 동글동글 문지른다('동글이').

3. 헤어라인 중앙에서 정수리를 향해 꾹꾹이와 동글이를 번갈아 한다.

4. 머리 앞쪽에서 정수리까지, 머리 옆쪽에서 정수리까지 열 손가락으로 꾹꾹이와 동글이를 번갈아 하며 골고루 지압한다.

5. 뒤통수 헤어라인도 중앙에서 귀 부근까지 양손의 엄지손가락으로 꾹 꾹이를 해준다.

6. 뒤 헤어라인에서 정수리까지 뒤통수를 골고루 마사지한다는 기분으로 열 손가락을 이용해 꾹꾹이와 동글이를 번갈아 한다.

7. 목덜미에 동글이를 하면서 뒤쪽 헤어라인을 거쳐 귀 뒤까지 올라온다.

8. 마무리로 주먹을 가볍게 쥐고 두피 전체를 통통 두드려준다.

두피 마사지를 끝낸 후에는 미온수로 모발과 두피를 깨끗하게 헹궈준다.

6단계 트리트먼트 전
타월 드라이는 신의 한 수

이제 트리트먼트를 쓸 차례다. 하지만 그전에 반드시 거쳐야 할 단계가 있다. 아무리 값비싼 트리트먼트를 써도 머릿결 개선에 효과를 보지 못했다면 이 단계를 생략했기 때문이다. 바로 타월 드라이다. 트리트먼트를 바르기 전에 타월로 물기를 대충이라도 제거하지 않으면 트리트먼트의 농도가 희석되어 그 효과를 제대로 볼 수 없다.

트리트먼트 제품은 두피용과 모발용으로 나뉘는데, 모발용은 두피의 모공을 막을 우려가 있으므로 반드시 두피를 피해 모발에만 발라야 한다. 실리콘 성분이 들어간 제품은 당장은 머릿결이 부드러워 보일지 몰라도 모근 및 모발 건강에 근본적으로 도움이 되지 않는다. 오히려 두피 모공을 막아 트러블을 유발할 수 있으니 되도록 쓰지 않는 편이 낫다.

트리트먼트를 골고루 바른 뒤에는 영양분이 잘 흡수되도록 5~10분 정도 헤어캡을 쓰고 있다가 미온수로 헹궈준다. 트리트먼트가 두피에 남으면 모공을 막아 트러블이 생길 수 있다. '이쯤이면 되겠지' 하는 수준에서 1분 더 헹궈준다는 기분으로 꼼꼼하게 헹구자.

모발이 심하게 손상되었다면 트리트먼트보다 더 특별한 관리가 필요하다. 두피에는 두피용 트리트먼트를, 모발에는 헤어팩을 바른 다음 헤어캡을 쓰고 그 위를 얇은 수건으로 감싼 뒤 전기모자를 쓴다. 전기모자는 모피질에 단백질이 더 잘 침투하도록 돕는 기구다. 전기모자의 따뜻한 기운이 싫으면 헤어캡 위를 젖은 수건으로 감싸면 도움이 된다. 이 상태로 10~15분 있다가 미온수로 머리를 헹군다.

7단계 볼륨을 빵빵하게 살리는 드라이 방법

욕실에서 나오자마자 타월 드라이를 해준다. 이때 타월로 머리를 털거나 비비면서 말리면 안 된다. 모발 큐티클 층은 물에 약하기 때문에 젖은 상태에서 마찰이나 자극을 주면 쉽게 손상된다. 따라서 타월로 가볍게 두드리거나 눌러서 물기를 제거해야 한다.

충분히 물기를 제거한 다음에는 드라이어로 머리를 말린다. 뜨거운 바람으로 머리를 말리면 머릿결이 상하기 쉽다는 건 다들 아는 사실이다. 찬 바람으로만 머리를 말릴 시간이 없다면 찬 바람과 1단계 열을 번갈아 사용해도 괜찮다.

헤어 볼륨감을 살리고 싶으면 왼쪽으로 넘기는 머리카락은 오른쪽으로, 오른쪽으로 넘기는 머리카락은 왼쪽으로, 뒤로 넘기는 머리카락은 앞쪽으로 보내면서 머리를 말려준다. 머리가 풍성해 보이려면 무엇보다 정수리 쪽 볼륨을 살려줘야 한다. 정수리 쪽 머리를 한 움큼 정도 가볍게 쥐고 드라이어를 1단계로 고정해 왔다 갔다 하면서 열감을 준다. 단, 모발의 스타일링은 열이 가해질 때가 아니라 식으면서 고정되므로 드라이어를 끈 다음에도 몇 초간 손을 떼지 말아야 한다.

뿌리 볼륨을 더 살리고 싶다면 알루미늄 열판 헤어롤을 활용해보자. 머리를 다 말리고서 정수리 부근 모발 뿌리에 밀어 넣었다가 드라이어로 열을 가하고 잠시 후에 제거하면 된다. 헤어롤을 빼기 직전에 드라이어를 찬 바람으로 바꿔 10초 정도 드라이해주면 컬이 더 오래 유지된다. 알루미늄 열판 헤어롤은 다이소 등 생활용품 할인매장에서 저렴하게 구할 수 있다.

헤어 홈케어 마지막 단계는 헤어오일과 헤어로션을 섞어 모발에 발라주는 것이다. 특히 건조한 날에는 이런 방법으로 모발의 유수분 밸런스를 맞춰줘야 머릿결이 손상되는 일 없이 스타일링을 오래 유지할 수 있다.

옷가게 사장 뽀따의 속성 패션 과외

40대 이후로는 옷 한 벌을 사려 해도 따지고 챙길 것이 너무 많다. 체형도 보완해야 하고 군살도 가려야 하며, 너무 싼 티가 나도 안 되고 너무 비싸면 부담이 된다. 또 충분히 고상해 보이지만 나이가 들어 보여도 안 된다.

젊을 때는 패션 법칙에 얽매이기보다 개성을 살려 모험을 시도할 수도 있다. 하지만 아무래도 나이가 들면 대체로 우아하면서도 세련된 스타일링이 잘 어울린다. 내가 옷을 고르는 기준도 이와 크게 다르지 않다. 초등학생의 눈에도, 4060의 눈에도, 우리 엄마 세대 눈에도 예뻐 보이는 우아미와 세련미가 내가 추구하는 스타일링이다.

이것저것 따지기 귀찮아지면 딱 하나만 기억하자. 우리 나이 대에는 베이직하고 클래식한 옷을 입어야 귀티 나고 우아해 보인다. 여기에 트렌디한 액세서리나 백 등으로 포인트를 주면 세련된 분위기까지 얻을 수 있다.

'베이직+클래식+트렌디', 이 세 가지를 염두에 두고 4060의 스타일링 고민을 함께 해결해보자. 어떻게 하면 세련된 패션 감각을 기를 수 있을까? 어떻게 해야 큰돈 들이지 않고 귀티 나는 스타일링을 완성할 수 있을까? 조금이라도 날씬해 보이려면 어떻게 입어야 할까? 이 세 가지 고민을 중심으로 지금부터 차근차근 살펴보자.

제1강 하다 보면 어렵지 않은 패션 감각 기르기

패션 감각을 기르려면 수많은 시행착오와 훈련이 필요하다. 우선 다음에 소개하는 네 가지 방법을 꾸준히 시도해보자.

첫째, 패션 감각을 기르는 가장 손쉬운 방법은 패션 잡지를 구독하는 것이다. 나처럼 매달 모든 패션 잡지를 볼 필요는 없다. 트렌드 변화가 두드러지는 봄과 가을에 맞춰 3월호와 9월호 정도만 봐도 큰 도움이 된다. 사진만 대충대충 훑어보지 말고 이번 계절에 유행할 색상, 패턴, 아이템에 주목해 읽으면 감각이 조금씩 길러지면서 안목도 높아질 것이다.

둘째, 어떤 패션이 유행일지 대충 감을 잡았다면 우선 옷장부터 뒤져보자. 나는 이걸 '우리 집 아이 쇼핑'이라고 부른다. 뭔가를 새로 사기 전에 이미 가지고 있는 아이템부터 다시 살펴보기 위함이다. 유행 지났다고 밀쳐놨던 옷, 내게 안 어울린다며 구석에 처박아놨던 옷도 몇 년이 지나면 달리 보일 때가 있다.

예전에 MBN의 〈속풀이 쇼 동치미〉에 입고 나갔던 카디건도 원래는 기장이 애매해서 잘 입지 않던 옷이었다. 하지만 길이를 과감하게 잘라내고 칼라를 손봤더니 꽤 그럴듯한 아이템이 되었다. 목 부분이 답답해 손이 잘 안 가던 캐시미어 니트도 목을 가위로 잘라 칼라를 만들어주었더니 마음에 쏙 드는 옷으로 변신했다.

원단은 좋은데 디자인이 아쉽거나 유행이 지난 옷이 있다면 허리를 잘록하게 만들거나 길이를 줄이거나 칼라 디자인을 바꾸는 식으로 조금만 손품을 들여보자. 손재주가 없다면 디자인만 구상해서 수선 전문가에게 맡기는 방법도 있다.

셋째, 평소 스타일에 아주 조금씩 변화를 주는 습관을 들여보자. 늘 입던 대로 입고 신던 대로 신으면 패션 감각이 단련될 틈이 없다. 그렇다고 하루아침에 머리부터 발끝까지 완전히 변신

하기란 쉽지 않은 일이다. 우선은 네일 컬러나 스카프 등 소소하고 작은 아이템부터 바꿔가길 권한다.

주말에 기분 전환 겸 새로운 스타일에 도전해보는 것도 좋다. 어떻게 스타일링할지 감이 잡히지 않는다면 평소 눈길이 가던 셀럽을 따라 해보자. 이런 작은 변화가 삶의 활력이 되고 내게 어울리는 스타일을 찾는 데도 도움을 준다.

넷째, 액세서리나 가방, 신발 등의 패션 소품으로 트렌디한 스타일링을 완성해보자. 손톱만 한 귀걸이 하나로 얼굴을 환하게 밝힐 수도 있고 진주 목걸이 하나로 보세 옷을 샤넬처럼 연출할 수도 있다. 지루하고 갑갑해 보이는 스타일링도 비비드한 미니 백 하나로 아주 매력적이고 감각적으로 보일 수 있다. 패션 소품의 이런 위력을 옷가게를 하는 4년 동안 수없이 실감했다. 옷만 입어보고는 고개를 갸웃하던 손님도 액세서리까지 완벽하게 매치해주면 180도 다른 반응을 보인다.

패션 소품을 잘 매치하려면 연습과 훈련이 필요하다. 너무 이것저것, 주렁주렁 연출하면 산만해 보일 수 있으니 처음에는 욕심부리지 말고 패션 소품 하나에만 힘을 주자. 입고 있는 옷과 비슷한 톤의 소품을 고르면 가장 무난하다. 처음엔 어려워도 자꾸 하다 보면 믹스 앤드 매치mix&match(이질적인 색상이나 디자인을 섞어 조화를 이루는 스타일)에도 도전할 만큼 패션 감각이 업그레이드될 것이다.

제2강 **격식 있는 자리,
부티 나는 스타일링**

결혼식, 상견례 등 격식 있는 자리에 갈 일이 생기면 한숨부터 나온다는 여성이 많다. 옷장을 몇 번이고 들여다봐도 입을 만한 옷 한 벌이 보이지 않아서다. 이런 난감한 상황을 면하려면 장 보거나 마실 갈 때 입는 편안한 옷 말고 점잖고 우아한 옷 한 벌쯤은 장만해둬야 한다.

고급스럽고 부티 나게 보이려면 비싼 옷을 입어야 한다고 생각하기 쉽지만 꼭 그런 것만은 아니다. 고가의 브랜드 옷이 아니어도 스타일링만 잘하면 고급스러운 느낌을 줄 수 있다.

그렇다면 4060 여성에게 잘 어울리는 고급스러운 스타일링이란 무엇일까? 누군가 딱 하나만 추천하라고 한다면 나는 클래식한 디자인의 원피스를 꼽겠다. 일단 원피스는 상의와 하의의 코디 걱정 없이 간편하게 입을 수 있으면서 여성스럽고 고급스러운 연출이 가능하다. 특히 몸매가 크게 드러나지 않는 클래식한 디자인의 원피스를 한 벌쯤 사두면 체중 변화나 유행에 상관없이 두고두고 활용할 수 있다.

클래식 원피스만 걸쳤더니 살짝 밋밋한 느낌이 든다면 액세서리를 활용해보자. 격식을 갖춘 옷차림에는 귀걸이, 목걸이, 반지 등을 셋업 스타일, 즉 세트로 착용하면 좋다. 이렇게 액세서리를 통일하면 밋밋한 스타일에 세련된 포인트를 주는 동시에 우아한 분위기까지 연출할 수 있다.

액세서리 하나 가격도 부담스러운데 어떻게 세트로 장만하느냐고 물을지도 모르겠다. 사실 나는 액세서리를 무척 좋아하지만 여기에 큰돈을 쓰진 않는다. 모조 보석이면 어떤가. 요즘은 주얼리 트렌드도 빠르게 변화하는 추세다. 큰맘 먹고 파인 주얼리fine jewelry(고가의 금과 보석을 사용한 주얼리로 높은 가격대와 클래식한 디자인이 특징이다) 제품을 사도 얼마 못 가 싫증이 나기 쉽다. 그러느니 그때그때의 유행에 맞춰 모조 보석을 사는 것도 나쁘지 않다. 평소 안목을 길러두면 저렴하지만 고급스러운 제품을 얼마든지 고를 수 있다.

같은 이유로 나는 명품 백에도 크게 욕심이 없다. 관리만 잘하면 손녀에게까지 물려줄 수 있다거나 가격이 올라 재테크 효과가 있다고들 하지만 솔깃하지 않다. 명품 백 시장이야말로 유행의 최전선인 데다 고가라는 이유로 마음 편히 들지도 못하고 '모시고 사는' 경우를 많이 봤기 때문이다.

명품 백 하나 살 돈으로 최신 트렌드를 잘 반영한 중저가 백이지만 디자인 감각이 탁월하고 원자재와 부자재의 퀄리티가 뛰어난 제품을 여러 개 사는 것이 훨씬 더 경제적이고 퍼스널리티를 멋지게 드러낼 수 있다고 생각한다.

게다가 격식 있는 옷차림에 백마저 중후하면 자칫 나이 들어 보일 수 있다. 격식을 갖춰 옷을 입었다면 과감하게 트렌디한 디자인에 비비드한 색상의 백을 선택해보자. 클래식한 무채색 원피스에 셋업 액세서리를 하고 옐로 또는 블루나 그린 색상의 트렌디한 미니 백을 매치한 여성을 떠올려보라. 너무나 우아하면서도 세련된 감각이 돋보이는 스타일링이다.

마지막으로 구두도 꼼꼼하게 점검해야 한다. 50대 이후로는 지나치게 높은 굽은 불안정해 보일 수 있으니 격식 있는 자리에는 굽의 높이가 3~5센티미터 되는 안정감 있는 구두를 신는 편이 좋다. 단, 앞코가 밋밋하게 둥근 것은 클래식한 원피스와 매치했을 때 고루해 보일 수 있다. 앞코 디자인이 뾰족하거나 스퀘어 형태로 되어 있는 것을 고르면 더욱더 멋스럽게 연출할 수 있다. 이런 디자인의 경우 스웨이드나 부드러운 양가죽 재질로 골라야 착화감이 편안하고 발가락도 덜 아프다.

제3강 키 크고 날씬해 보이는 4060 맞춤 스타일링

내 키는 163센티미터인데 168센티미터쯤 되어 보인다는 소리를 자주 듣는다. 무려 5센티미터나 키가 커 보이는 비결은 바로 스타일링에 있다. 옷만 잘 입어도 확실히 키 크고 날씬해 보일 수 있다. 사이즈는 줄고 키는 커 보이는 다섯 가지 스타일링

비법을 소개한다.

첫째, 허리선을 한껏 올려 입는다. 허리선이 낮은 옷을 입으면 허리는 길고 다리는 짧아 보인다. 반대로 허리선이 올라간 옷을 입으면 다리도 몸매도 길쭉하고 날씬해 보인다. 요즘 유행하는 하이 웨이스트 팬츠를 입으면 이런 효과를 톡톡히 누릴 수 있다. 허리선이 없는 원피스에는 허리선을 위로 올려 잡아주면 된다. 얼마 전부터 인기를 끌고 있는 와이드 벨트를 원피스 허리선 위쪽에 둘러 허리를 강조해주면 헐렁하게 입을 때보다 훨씬 날씬해 보인다.

둘째, 상의와 하의를 같은 톤으로 통일해 입는다. 상의와 하의의 색상이 크게 대비되면 시선이 가로로 분산되어 키가 작고 뚱뚱해 보이지만, 상의와 하의를 톤온톤으로 입으면 시선이 세로로 이어지면서 키가 커 보이는 착시 효과를 누릴 수 있다. 내가 5센티미터 더 커 보이는 비결도 사실은 이것이다.

핵심은 시선을 가로로 자르지 않고 세로로 길게 이어지도록 하는 것이다. 예를 들어 롱코트 위에 같은 색상 계열의 롱 머플러를 두르는 식으로 연출하면 모든 라인이 세로로 길게 이어져 아주 늘씬해 보이고 비율도 좋아 보인다.

셋째, 펑퍼짐한 바지는 조거 팬츠로 수선해 입는다. 키가 작고 통통한 체형이 엉덩이둘레에 맞춰 바지를 사다 보면 바지 밑단까지 넓어지는 통에 전체적인 라인이 펑퍼짐해진다. 이럴 때는 바지 밑단 둘레의 앞면만 드르륵 박거나 손바느질로 간단히 두세 곳을 바느질해 줄여주면 요즘 핫한 조거 팬츠 라인이 된다.

넷째, 와이드 팬츠에는 몸에 잘 맞는 블라우스나 니트를, 루즈 핏 블라우스에는 일자 핏 팬츠를 매치해야 한다. 상의와 하의 둘 중 하나만 풍성하게 입고 다른 하나는 몸에 잘 맞게 입어야 날씬해 보인다. 그렇지 않고 상의와 하의를 모두 펑퍼짐하게 입으면 몸매가 한 덩어리로 보이면서 실제보다 뚱뚱해 보인다.

다섯째, 상의와 하의 전부를 넉넉하게 입어야 한다면 목걸이나 귀걸이 등을 활용하면 좋다. 요즘 유행하는 청키하고 볼드한 액세서리로 시선을 위로 붙들어두면 옷 라인이 펑퍼짐해도 상대적으로 날씬해 보인다.

나이 들면
체력이
인격이다

우리 나이대 여성 가운데 젊은 시절부터 운동을 꾸준히 해온 사람이 얼마나 될까? 아마도 대부분은 갱년기에 접어들면서 건강에 심각한 위협을 느끼고 이제 겨우 운동을 시작한 경우가 많을 것이다.

　중년이 되면 대개 체중이 불어난다. 체중 변화가 없더라도 젊은 시절 입었던 옷이 몸에 잘 맞지 않는다. 나이 들면서 근력, 특히 척추·골반·복부를 지지하는 코어가 약해지면서 등이 굽고 배가 나오는 등 체형이 바뀌기 때문이다. 대개는 이즈음에

1차 충격을 받고 운동을 결심하지만 대부분 작심삼일로 막을 내린다.

그러다 갱년기라는 2차 충격이 찾아온다. 갱년기를 맞으면 여성호르몬 분비가 급격히 변하면서 체중이 늘고 근육량이 줄어들며 홍조, 발한, 수면장애, 우울증 같은 갱년기 증후군이 나타난다. 이런 사태를 맞고서야 정신이 번쩍 들어 그야말로 '살기 위한 운동'을 시작하는 것이다.

이런 식으로 운동을 시작해 천만다행으로 운동에 재미를 붙이면 몸도 바뀌지만 마음에도 변화가 찾아온다. 셋째 언니도 갱년기에 운동을 시작했는데 몸에 근력이 생기고 체력이 좋아지니 자신감과 자존감도 덩달아 높아지더란다.

체력은 집중력과 판단력에도 영향을 미친다. 얼마 전 신문에서 읽은 한 연구 결과에 따르면 가석방심의위원회 판사들의 가석방 승인율은 점심을 먹은 직후에는 65퍼센트지만, 점심 식사 직전에는 거의 0퍼센트라고 한다. 이렇듯 큰 차이가 나는 이유는 뇌의 효율성 때문이다. 피로하거나 배가 고프면 적극적으로 새로운 가능성을 살피기보다는 뇌의 에너지를 절약하기 위해 결정을 유보하거나 회피하는 경향을 보인다는 것이다.

내가 두려워하는 것도 이런 상황이다. 최선을 다해 콘텐츠를 만들고 싶은데 체력이 떨어지거나 컨디션이 좋지 않다는 이유로 미진한 결과물을 내놓을까 봐 늘 걱정이다. 내 의욕을 체력이 받쳐주지 못하는 시기를 최대한 늦추려면 운동만이 답이다.

내가 운동하는 또 다른 이유는 다정한 마음을 잃지 않기 위해서다. 컨디션이 좋은 날엔 남편이나 아이의 말에 귀 기울이고 관대한 결정을 내리다가도, 피곤한 날에는 신경이 곤두서 마음에도 없는 말로 상처를 입혔던 경험이 있다.

건강한 몸에 다정한 마음이 담기는 법이다. 내 몸이 편치 않고 힘들면 다정하고 친절한 마음을 유지하기가 어렵다. 뽀따TV의 캐치프레이즈처럼 몸도 마음도 예뻐지려면 체력이 기본이고 그러려면 꾸준히 운동해야 한다. '체력이 곧 인격'이라는 말을 절감하는 요즘이다.

내가 운동하는 마지막 이유는 딸에게 본보기가 되고 싶기 때문이다. 요즘 젊은이들은 일찍부터 자기 관리, 체력 관리를 시작하고 대체로 운동도 열심히 하는 편이다. 내가 굳이 본을 보이지 않아도 딸이 알아서 잘하리라 생각하지만, '운동하는 여자'가 일상적이고 자연스러운 모습으로 자리 잡는 데 일조하고 싶은 마음도 있다.

요즘 광고를 보면 격세지감이 느껴진다. 얼마 전까지만 해도 스포츠 브랜드의 주요 모델은 거의 남자들이었는데 요즘은 여자들이 더 많이 보인다. 또 소녀들이 익스트림 스포츠를 즐기는 이미지도 많이 등장한다. 여자들이 몸매 관리가 아닌 심신 단련을 위해 뛰고 매달리고 뒹굴고 공을 차는 모습을 보면 나도 힘이 솟는 것 같다. 어린 시절부터 운동하는 여성의 이미지를 이렇게 많이 봤다면 나도 운동을 더 빨리 시작하고, 더 좋아하게 되었을지도 모르겠다.

중년 여성에게
좋은 운동은 따로 있다

운동을 시작하기 가장 좋은 날은 바로 오늘이다. 어제 시작했으면 좋았겠지만 내일 시작하는 것보단 낫다. 그간 운동과 담쌓고 살았더라도 갱년기를 계기로 경각심이 들었다면 바로 그 순간 시작하면 된다.

특히 중년 여성은 수영, 자전거 타기, 산책 등 유산소 운동을 매일 규칙적으로 해야 갱년기 증후군을 예방하거나 완화할 수 있다. 여기에 요가나 웨이트트레이닝 같은 근력운동을 병행하면 갱년기에 부쩍 높아지는 골다공증 및 심혈관계 질환의 위험에서도 벗어날 수 있다.

나는 실내 자전거를 즐겨 탄다. 예전에 무릎이 아파 정형외과에 갔더니 통증을 없애려면 무릎 근육을 단련하는 운동을 해야 한다고 했다. 한창 옷가게를 하던 때라 운동할 시간이 없다고만 생각했다. 하지만 더도 덜도 말고 아침에 15분, 저녁에 15분씩만 실내 자전거를 타면 된다는 의사 선생님의 말씀에 당장 시작하기로 했다. 약 처방 대신 운동 처방을 받았다고 생각하고 그 날부터 실내 자전거를 타기 시작했다.

새벽 시장을 다니고 온종일 옷가게 일을 하면서도 운동을 빼먹지 않으려고 노력했다. 처방대로 오전, 오후 15분씩 열심히 실내 자전거를 탔다. 그랬더니 얼마 후 의사 선생님 말씀대로 통증이 사라졌다. 심지어 힐을 신어도 거뜬했다.

요즘은 옷가게 하던 때보다는 여유가 있어서 오전, 오후 각 20분씩 실내 자전거를 탄다. 한 번에 20분 이상 타면 오히려 무릎에 무리가 올 수도 있다고 해서 조심하고 있다. 실내 자전거의 운동 효과를 높이려면 처음부터 끝까지 일정한 속도대로 달리지 말고 속도에 변화를 주는 것이 좋다. 처음 몇 분은 몸 푸는 기분으로 천천히 달리다가 서서히 속도를 내서 스피닝하듯 빠르게 달리고, 다시 속도를 줄였다가 스피닝한다.

이런 식으로 높은 강도의 운동과 낮은 강도의 운동을 번갈아 하는 인터벌 트레이닝을 하면 운동 시간이 짧아도 오래 운동한 효과를 낼 수 있다.

운동할 때는 유튜브나 TV를 보기보다는 내 몸의 감각에 집중해보자. 배, 엉덩이, 종아리 등의 근육이 긴장하는 것을 의식하면서 자전거 페달을 밟으면 운동 효과가 더 좋다고 한다. 실내 자전거가 없으면 누워서 자전거 페달 돌리듯 다리를 쭉 뻗어 돌리는 운동으로 대신해도 좋다.

최근에는 일주일에 두세 번 웨이트트레이닝을 하고 있다. 무엇보다 오후가 되어도 쉽게 피곤하지 않다는 점이 좋다. 자세도 꼿꼿해진 느낌이 들고 활력도 생겼다. 실제로 체력이 향상된 것 같아서 아주 만족스럽다.

운동하러 가지 않는 날에 몸이 근질근질하면 유튜브 운동 채널을 찾아 따라 한다. 즐겨 보는 채널은 '땅끄부부'와 '빅씨스'다. 단 15분만 따라 해도 몸이 개운해진다.

반려견 앙쥬와 산책도 하는데 종종 날씨가 안 좋아 못 나갈 때가 있어 아쉽다. 걷기는 돈 한 푼 들이지 않고 전신 건강에 도움이 되는 최고의 운동이지만 30분 이상은 해야 효과가 있다. 그래서 집 주변에 40분짜리 코스를 정해두고 빠른 걸음으로 걷고 있다.

언젠가 너무 바빠서 석 달 정도 운동을 쉰 적이 있다. 그런데 같은 옷을 입어도 옷태가 예전 같지 않다 싶어 거울로 몸을 꼼꼼하게 점검해보니 그사이 어깨와 등이 조금 굽어 있었다. 몸은 내 삶의 성적표라더니 그 말이 맞았다. 석 달 소홀히 했다고 몸이 낙제 성적표를 보내온 것이다. 그때부터는 아무리 바빠도 운동만은 소홀히 하지 않으려고 노력한다.

이런저런 핑계로 운동을 미루고 있다면 지금 당장 몸을 일으켜보자. 결심을 실행에 옮기고 못 옮기고는 딱 3초에 달렸다고 한다. '아, 귀찮은데 그냥 내일 할까?' 하는 생각이 들 때 눈 딱 감고 3초 안에 몸을 일으키기만 하면 실행으로 이어진다. 하지만 이 3초 안에 몸을 일으키지 못하면 언제나 '운동은 내일부터'가 된다.

자, 이제 주문을 외워보자. 하나, 둘, 셋, 벌떡! 오늘부터 당신의 몸과 마음은 완전히 달라질 것이다.

몸도 마음도
가벼워지는
간헐적 단식

2019년 뽀따TV 구독자 젤리뽀 님들과 간헐적 단식을 함께 진행한 적이 있었다. 당시 셋째 언니가 간헐적 단식으로 5개월간 10킬로그램을 감량했다는 이야기를 들었다. 그렇게 가벼워진 몸으로 스쾃과 한 시간 걷기 등 운동을 열심히 한 끝에 한라산 영실 코스를 힘들이지 않고 다녀왔다고 했다.

여기에 크게 자극을 받아 나도 시작해보자고 마음먹었다. 처음에는 다이어트 방법을 궁금해하는 젤리뽀 님들에게 도움도 주고 나도 군살 한번 정리해보자는 마음이었다. 그런데 공부를 하면 할수록 간헐적 단식은 단순한 감량이나 다이어트 방법만은 아니라는 사실을 깨달았다.

우리가 하루에 공복을 유지하는 시간은 얼마나 될까? 오전 7시 30분에 아침 식사를 마쳤다면 점심을 먹는 12시까지 4시간 30분은 공복을 유지한 걸까? 아니다. 음식물을 소화하는 데 서너 시간이 소요되기 때문에 공복은 길어야 한두 시간이다.

그나마도 주전부리를 전혀 하지 않을 때 그렇단 이야기다. 오전에는 기분 전환한다며 라떼 한 잔, 오후에는 당 떨어진다며 도넛 한 개, 밤에는 영화 본다며 맥주 한 잔…. 이런 식이면 몸은 공복일 틈이 없다. 한 연구에 따르면 현대인의 만복滿腹 상태는 무려 20시간에 이른다고 한다.

'겨우 믹스커피 한 잔 마셨는데 무슨 만복이야?' '입이 심심해서 먹은 거지, 누가 배부르게 먹었다고….' 하지만 배부르든 아니든 뭔가를 먹었다면 공복이 아니라 만복이다. 만복은 음식을 섭취하고 칼로리를 저장하는 상태를 가리킨다. 반대로 저장한 칼로리를 쓰는 상태는 공복이다. 정리하면 만복은 '저장 모드', 공복은 '사용 모드'라 할 수 있다.

그렇다면 하루 20시간이 만복 상태라는 건 무슨 뜻일까? 이미 섭취한 음식물이 소화되기도 전에 또 다른 음식물을 섭취하는 바람에 칼로리가 사용될 겨를 없이 계속해서 저장된다는 의미다.

이는 인슐린이 쉴 틈 없이 분비된다는 뜻이기도 하다. 인슐린은 혈액 내 포도당의 양을 일정하게 유지하는 역할을 하는 호르몬이다. 우리 몸이 만복과 공복, 즉 저장 모드와 사용 모드의 균형을 잘 유지하면 인슐린도 안정적으로 분비된다. 그러나 지속적인 만복 상태에 있으면 혈당을 떨어뜨리기 위해 인슐린이 계속 분비되면서 인슐린 저항성이 커지고 이로 인해 당뇨, 심혈관계 질환, 만성 염증 등이 생긴다.

간헐적 단식은 이런 대사 불균형을 바로잡고 우리 몸이 본래지닌 건강한 생체 리듬을 되찾는 방법이다. 지속적인 만복 상태에서 벗어나 공복 상태를 유지함으로써 칼로리를 소모할 틈을주고 인슐린이 정상 작동할 수 있게 하는 것이다. 그렇게 대사균형을 되찾아 각종 질병의 위험에서 벗어나고, 남아도는 칼로리와 축적된 지방을 태워 체중 감량 효과도 얻는 것이 바로 간헐적 단식의 목표다.

간헐적 단식,
생각보다 어렵지 않다

그렇다면 간헐적 단식은 어떻게 하는 걸까? 매일 한 끼 먹기,하루는 세 끼 먹고 하루는 한 끼 먹기, 일주일에 이틀만 한 끼먹기 등 다양한 방법이 있다. 나는 하루 16시간 금식하고 8시간

식사하는 '16대 8' 단식을 실천 중이다. 16시간 금식이라고 하면 힘들게 느껴질 수 있지만 실제로는 야식의 유혹을 뿌리치고 아침 한 끼를 건너뛰는 정도라 크게 부담스럽지 않다. 소화 시간이 서너 시간임을 고려하면 16시간을 금식해도 실질적인 공복 시간은 12시간에 불과하다.

구체적으로 몇 시부터 몇 시까지 단식할지는 각자의 생활 패턴에 맞추면 된다. 나는 오전 10시에 첫 끼니를 먹고 오후 6시 이전에 저녁 식사를 마친다.

식단은 크게 제한을 두지 않고 있다. 기름지거나 자극적이거나 밀가루 범벅인 음식은 나이 탓인지 먹고 나면 몸이 힘들어서 간헐적 단식과 상관없이 언젠가부터 멀리하고 있다. 대신 곡물 빵에 내가 좋아하는 치즈와 각종 채소, 과일을 듬뿍 올려 먹는다.

칼로리를 제한해서 건강을 관리하고 체중을 조절하려던 시절에는 음식을 먹을 때마다 일일이 칼로리를 계산하느라 스트레스를 받았다. 그리고 이런 방식의 식이 제한은 작심삼일로 끝나기 일쑤였다. 또 왠지 오래 버틴다 싶으면 끝내 폭식으로 마무리되곤 했다. 하지만 칼로리 제한이 아니라 인슐린 조절이 관건이라는 걸 깨닫고 간헐적 단식을 시작한 뒤로는 그런 스트레스에서 완전히 벗어날 수 있었다.

간헐적 단식을 하고부터
달라진 것들

간헐적 단식을 하면서 내 삶에서 무엇이 달라졌을까?

첫째, 고질병인 역류성 식도염이 호전됐다. 예전에 나는 폭식하는 습관이 있었다. 힘들었던 시기에 나 자신을 위로하기 위해, 때로는 스트레스가 극한에 이르러 위가 아플 만큼 먹고 또 먹었다. 그렇게 몇 달을 지내자 역류성 식도염이 왔다. 폭식 습관이 사라진 뒤에도 이 고질병은 살아남아 시시때때로 나를 괴롭혔다. 그런데 놀랍게도 간헐적 단식을 실천한 지 넉 달 만에 역류성 식도염 증세가 완화되었다.

주변에서도 간헐적 단식으로 건강이 좋아졌다는 이야기를 많이 한다. 일흔이 넘은 우리 이모도 16 대 8 간헐적 단식을 실천하고 있는데, 얼마 전 병원에서 20년 만에 처음으로 혈압이 안정적이라는 소리를 들었다고 한다.

둘째, 간헐적 단식 한 달 만에 체중이 3킬로그램 정도 줄었다. 이모는 4개월간 4킬로그램, 셋째 언니는 5개월간 10킬로그램을 감량했다. 나와 함께 간헐적 단식을 실천한 젤리뽀 님 중에는 무려 11킬로그램을 감량한 분도 있었다. 대학원 시절 은사님도 내 방송을 보시고는 간헐적 단식에 도전해 4킬로그램 감량에 성공했다는 소식을 전해주셨다.

중요한 건 감량 이후다. 여느 다이어트와 달리 간헐적 단식은 요요가 거의 오지 않는다. 한 연구 결과에 따르면 다이어트에 성공할 확률은 10퍼센트 미만이고 감량한 체중을 1년 이상 유지할 확률은 거의 제로에 가깝다고 한다.

그 어렵다는 다이어트에 성공하고도 다시 원래 체중으로 되돌아오는 이유는 무엇일까? 죽지 않을 만큼만 먹으면서 죽을 만큼 운동했기 때문이다. 이런 극단적인 방식을 1년 넘게 지속할 수 있는 사람이 과연 얼마나 될까. 한창 체력 좋은 2030도 힘든데 40대 이후부터는 아마 꿈도 못 꿀 것이다. 대부분이 처음에 목표했던 체중에 도달하면, 아니 도달하기도 전에 나가떨어질 것이다.

반면 간헐적 단식은 칼로리나 식단을 극단적으로 제한하지 않기 때문에 10대부터 70대까지 누구나 지치지 않고 지속해서 실천할 수 있다. 간헐적 단식으로 체중을 감량하면 요요 현상이 잘 오지 않는 이유다.

간헐적 단식의 세 번째 효과는 음식에 대한 인식 변화다. 먹을거리가 넘쳐나는 요즘은 정말로 배가 고파서 음식을 먹는 사람이 별로 없다. 대개는 배가 고프지 않아도 '끼니때가 됐으니까', '입이 심심해서' 습관처럼 먹는다. 때로는 스트레스나 우울감이 가짜 배고픔을 유발하기도 한다. 많은 여성이 마음의 허기를 채우기 위해 먹는다. 나도 그런 경험이 있다. 마음속 공허함 때문에 뭔가를 먹고 죄책감에 시달리고, 죄책감에 시달리다 또 먹고…. 그런 악순환이 몸과 마음을 서서히 잠식한다.

간헐적 단식을 하고부터는 마음의 허기인지 몸의 허기인지 더는 헷갈리지 않는다. 내 몫의 한 끼, 한 끼가 그저 감사하고 소중하다. 그래서 전처럼 바쁘다며 정크푸드로 끼니를 대충 때우거나 맛을 느낄 새도 없이 욱여넣듯 먹지 않는다. 건강하고 좋은 음식을 천천히 오래오래 음미할 여유를 나 자신에게 주려고 한다. 간헐적 단식을 통해 음식에서 죄책감과 후회가 아닌 즐거움과 감사함을 느끼면서 전보다 나를 더 아끼고 사랑하는 방법을 알게 되었다.

간헐적 단식,
그것이 궁금하다

간헐적 단식을 하는 동안 주변에서 많이 들었던 질문과 그에 관한 답변을 정리해봤다. 소소하지만 중요한 정보들로, 간헐적 단식을 시작하고 지속하는 데 큰 도움이 될 것이다.

Q1. 음식을 먹는 시간대에는 아무거나 마음껏 먹어도 될까?

흔히 말하는 다이어트 식단을 따를 필요는 없다. '이거 먹으면 큰일 나. 절대 안 돼' 같은 규칙도 없다. 그렇다고 해서 '16시간 동안 단식했으니 남은 8시간 동안은 기름지고 열량 높은 음식을 실컷 먹겠어!' 하는 것도 곤란하다. 삼시 세 끼 그렇게 먹는 것보다야 낫겠지만 건강과 체중 감량이 목적이라면 아무래도 적정한 제한을 두는 것이 좋지 않을까?

사실 간헐적 단식을 하면 아무거나, 아무렇게나 먹고 싶다는 생각이 잘 안 든다. 언제라도 원하는 만큼 먹을 수 있으면 한 끼, 한 끼가 소중하다는 걸 잘 모른다. 하지만 먹는 시간을 제한하면 그 기회가 너무나 소중하다. 나를 위해 좋은 음식만을 정성껏 대접하고 싶어진다. 미각이 예민해지고 음식 본연의 맛을 즐기게 되어 자연스레 짜고 맵고 자극적인 음식을 멀리하게 된다. 또 먹는 양도 자연스레 줄어 폭식할 일도 없어진다.

처음부터 식사 시간을 제한하고 식단까지 조절하려면 부담스럽고 엄두가 나지 않을 것이다. 일단은 간헐적 단식의 정의에 맞게 식사하는 시간만 제한해보길 권한다. 그렇게 2주 정도 해보면 어느새 입맛도, 식단도 달라져 있을 것이다.

Q2. 공복 시에는 물도 먹으면 안 될까?

물은 언제나 자주 많이 마시는 것이 좋다. 음식 생각이 간절할 때마다 물 한 잔씩 마시며 각오를 다잡아보자. 탄산수는 식욕을 촉진하고 갱년기 여성의 골밀도를 감소시키며 치아 건강에도 해로우므로 그냥 맹물을 마시는 편이 낫다. 인슐린 분비에 영향을 주지 않는 제로 칼로리의 차 또는 아메리카노 커피는 마셔도 좋다.

비타민, 유산균 등의 건강보조식품 역시 공복 시간에 먹어도 된다. 먹어도 될지 안 될지 헷갈린다면 이것만 기억하자. 간헐적 단식에서 말하는 공복이란 인슐린이 분비되지 않는 상태를 말한다. 그러니 인슐린 분비에 영향을 미치지 않는 음식이라면 단식하는 시간대에도 먹을 수 있다고 보면 된다.

Q3. 단식하는 시간이 너무 힘들고 괴로운데 어떻게 해야 할까?

가장 좋은 방법은 공복 시간에 바쁘게 생활하는 것이다. 셋째 언니는 공복을 유지하는 시간에 밀린 집안일을 하거나 옷 만들기에 집중했다고 한다. 나도 일을 일부러 만들어서라도 공복을 유지하려고 노력한다. 다음 콘텐츠를 고민하고 책이나 잡지를 보며 공부에 집중한다. 그렇게 '안 먹을 궁리'를 하면서 정신없이 뭔가에 몰두하다 보면 배고픔이 잊히고 시간이 참 잘 간다. 처음에만 조금 힘들 뿐 두 달 정도 지나면 간헐적 단식이 더는 괴로워지지 않는 순간이 온다.

그래도 정 배가 고프고 괴로우면 이렇게 해보자. 배에서 꼬르륵 소리가 날 때마다 '몸속 대사 공장이 돌아가는 소리구나. 내 몸을 건강하고 젊고 가볍게 만드는 공장이 잘 돌아가고 있구나' 하고 긍정적인 상상을 해본다.

매일 아침저녁 일정한 시간에 체중계에 올라 몸의 변화를 확인하는 것도 좋은 방법이다. 간헐적 단식의 효과를 눈으로 직접 확인하면 마음을 다잡는 데 도움이 된다.

Q4. 간헐적 단식을 하면서 운동하면 몸에 무리가 가진 않을까?

단식으로 체력이 떨어질 텐데 운동해도 괜찮을지 걱정하는 사람도 많다. 자료를 찾아보니 간헐적 단식을 하면서 자기 몸 상태에 맞춰 무리하지 않는 선에서 걷기와 근력운동 등을 병행하면 건강 증진, 체력 향상, 체중 감량에 더 좋다고 하니 걱정하지 않아도 된다. 간헐적 단식으로 근손실이 생기는 일도 없다고 한다.

Q5. 간헐적 단식을 하는데도 왜 살이 안 빠질까?

아마 둘 중 하나가 아닐까 싶다. 먹는 시간을 정확히 지키지 않았거나 너무 많이 먹은 경우다. 아직 간헐적 단식을 일상화하지 못했기 때문이다. 먹는 시간이나 양을 조절하기 어렵다면 가족과 함께 간헐적 단식을 하거나 친구들에게 알리고 SNS에 기록을 남기는 방법을 권하고 싶다.

한편으로는 체중에 너무 스트레스받지 않았으면 한다. 우선 신진대사를 건강하게 되돌리는 것을 목표로 삼고 체중 감량은 그에 따르는 보상 정도로 여겨야 스트레스가 덜하다.

Q6. 간헐적 단식 후 변비가 생겼는데 어떻게 해야 할까?

간헐적 단식을 하면 아무래도 그전보다 식사량이 줄어든다. 그렇다 보니 음식물로 섭취하는 수분의 양도 줄어 변비가 올 수 있다. 내 경우에는 간헐적 단식 후 변비가 없었는데 일부러 물을 많이 먹었기 때문인 듯하다. 그리고 아침 공복에 유산균을 복용했고 채소 위주로 먹으려고 노력했다. 체내 수분이 부족해지지 않도록 신경 쓰도록 하자.

Q7. 조금씩 자주 먹는 것도 다이어트에 효과적일까?

조금씩 자주 먹으면 허기가 사라져 폭식을 하지 않게 되고 결국 식사량이 줄어 다이어트 효과를 볼 수 있다는 논리다. 그런데 조금씩 자주 먹으면 허기가 사라지긴커녕 오히려 식욕을 억제하기 어려워진다는 연구 결과가 많다. 아무리 적은 양을 먹어도 인슐린은 분비되고 그 즉시 우리 몸은 지방이 빠지기 어려운 상태로 바뀐다. 건강을 위해서든, 체중 감량을 위해서든 조금씩 자주 먹기보다는 간헐적 단식이 훨씬 효과적이다.

Q8. 간헐적 단식을 하면 안 되는 사람도 있을까?

당뇨 등 지병이 있는 사람은 간헐적 단식을 시도하기 전에 전문의와 상담하는 것이 좋다. 비만으로 스트레스를 받는 중학생 딸아이와 함께 간헐적 단식을 해도 되느냐고 묻는 젤리뽀 님도 있었다. 16 대 8 단식을 한다면 저녁 식사를 마친 뒤 야식과 아침밥을 거르는 정도이므로 청소년에게도 무리가 되지 않는다.

아침을 든든하게 먹어야 두뇌 회전이 잘된다는 말도 있지만 활동량 많은 어린이라면 모를까, 청소년 이상은 그렇지 않다. 실험에 따르면 한 끼나 두 끼 또는 24시간을 단식한 뒤 인지 능력을 검사했더니 정상적으로 세 끼를 먹은 경우와 큰 차이가 없었다고 한다. 오히려 고령층에서는 장기적으로 기억력을 개선하는 효과가 나타났다는 연구 결과도 있다.

몸도 마음도
예뻐지는
다섯 가지 생활 습관

매일 1분도 수십 년이 쌓이면 나의 몸과 마음에 엄청난 변화를 일으킬 수 있다. 사소한 생활 습관이 중요한 이유다.

더 건강하고 아름다워지고 싶다면 시간과 돈을 들여 스페셜 관리를 받기 전에 평소 나의 생활 습관이 어떤지부터 점검해보자. 어떤 습관은 그저 매일 반복하는 것만으로도 노화를 예방하고 건강을 유지하는 데 큰 도움이 되지만, 어떤 습관은 나도 모르는 새 아주 조금씩 건강을 갉아먹다 결국 스페셜 관리로도 회복될 수 없는 결과를 초래하기도 한다.

일상에서 건강과 아름다움을 유지하려면 어떤 습관을 버리고 어떤 습관을 익혀야 할지 구체적으로 알아보자.

첫 번째 습관 절대로 쭈그려 앉지 않는다

"뽀따야, 넌 왜 무릎에 주름살이 하나도 없어?"

언니들 말에 서로의 무릎을 비교해보니 진짜 그랬다. 내가 막내임을 감안하고 봐도 유독 내 무릎에만 주름살이 없었다. 무릎 주름살 정도는 괜찮다고 생각할 수 있지만 스커트나 반바지를 입을 때는 은근히 신경이 쓰이는 것도 사실이다.

무릎 주름을 예방하려면 쭈그려 앉는 습관부터 고쳐야 한다. 살림하다 보면 은근히 쭈그려 앉을 일이 많다. 이렇게 쭈그려 앉다 보면 무릎 주름살이 문제가 아니다. 척추기립근과 하체 근육, 무릎과 고관절에 치명적인 부담을 줄 수 있다. 집안일이나 밭일 등을 할 때는 쭈그려 앉지 말고 간이 의자 등 편의 도구를 활용해야 한다. 어쩔 수 없이 쭈그려 앉아야 한다면 15분을 넘기지 않도록 한다.

쭈그려 앉는 것뿐 아니라 무릎을 90도 이하로 구부리는 자세는 다 좋지 않다. 특히 한국인은 온돌에 익숙해서 양반다리를 하거나 무릎을 세워 앉곤 하는데 이런 자세도 건강에 치명적이다. 무릎 주름살 예방은 물론 관절 건강을 위해서라도 방바닥이 아닌 의자에 앉는 습관을 들이자.

무릎 주름을 예방하는 팁을 하나 더 알려주자면, 무릎에도 꼭 보습제를 발라줘야 한다. 주름은 생활 습관 때문에도 생기지만 건조함도 주요한 원인이다. 따라서 무릎에도 잊지 말고 보습제를 꼼꼼하게 발라주자. 보습제를 바르면서 아래에서 위로 가볍게 리프팅해주면 더 좋다.

두 번째 습관 딱딱한 의자에 앉지 않는다

엉덩이 양쪽에 500원짜리 동전만 한 색소침착이 있다면 범인은 바로 딱딱한 의자다. 딱딱한 의자에 오래 앉아 있으면 의자와 맞닿는 부위에 마찰과 압력이 가해지고 엉덩이 전체의 혈액순환이 느려지면서 각질이 생기고 거무튀튀하게 착색된다.

만일 식탁 의자가 쿠션감이 전혀 없는 원목 재질이라면 방석이라도 깔고 앉길 권한다. 나는 집에서 쓰는 의자는 물론이고 식당이나 카페에 있는 의자도 너무 딱딱하면 잘 앉지 않는다. 무릎 담요라도 깔고 앉아야 몸도 마음도 편해진다.

반면 의자가 너무 푹신해도 척추 건강에는 좋지 않으므로 의자를 고를 때 신중해야 한다. 무엇보다 의자에 오래 앉아 있는 습관 자체가 문제다. 한자리에 오래 앉아 있지 말고 자주 일어나 움직이는 습관을 들이도록 하자.

세 번째 습관 자외선 차단제를 꼭 바른다

자외선 차단제를 바르는 습관은 백 번, 천 번, 그 이상을 강조해도 지나치지 않다. 자외선은 주름, 기미, 잡티, 색소침착의 주요 원인일 뿐 아니라 진피층까지 침투해 콜라겐을 파괴하고 피부 탄력을 떨어뜨린다. 노화의 80퍼센트가 자외선 때문이라는 연구 결과도 있다. 특히 자외선A는 1년 365일 균일하게 내리쬐기 때문에 봄부터 겨울까지, 새벽부터 저녁까지, 비가 오나 눈이 오나 날씨에 상관없이 자외선 차단제를 필수적으로 발라주어야 한다.

햇빛이 강한 날은 자외선 차단제 위에 선 쿠션을 발라주고 선 쿠션 위에 자외선 차단 효과가 있는 쿠션 파운데이션을 덧바르면 겹겹이 자외선을 차단한 효과를 볼 수 있어 좋다. 얼굴 바깥쪽은 자외선 차단제를 소홀히 바르기 쉬운데, 기미가 생기기 쉬운 부위는 오히려 안쪽이 아니라 바깥쪽이므로 얼굴 전체를 신경 써서 꼼꼼하게 발라준다. 얼굴뿐 아니라 목과 팔, 손 등 자외선에 노출되는 모든 부위에 잊지 말고 발라주자.

네 번째 습관 **외출할 때**
양산을 챙긴다

적외선은 그간 피부에 큰 해를 끼치지 않는다고 알려졌는데 최근 진피층까지 침투해 열에너지로 바뀐다는 사실이 밝혀졌다. 이 과정에서 진피층의 콜라겐, 엘라스틴, 히알루론산이 손상되고 줄어들어 탄력이 떨어지고 수분을 잃는 등 피부 노화가 촉진될 수 있다. 이것을 가리켜 자외선에 의한 '광노화'에 대비해 '열노화'라고 부른다.

일상에서 열노화의 우려가 있는 상황은 언제일까? 찜질방이나 사우나를 이용할 때, 온풍기나 난로 가까이 있을 때, 과격한 운동으로 피부 온도가 높아졌을 때, 뜨거운 햇볕에 노출될 때 등이다.

만일 열노화를 일으키는 상황을 피할 수 없다면 피부 온도를 재빨리 떨어뜨려 진피층 손상과 피부 노화를 막아야 한다. 더운 여름날 외출에서 돌아왔거나 과격한 운동을 한 직후에는 냉장고에 넣어두었던 물수건을 목 뒤에 갖다 대면 피부 온도를 빠르게 떨어뜨릴 수 있다. 냉장고에 알로에 젤을 넣어두었다가 뜨거워진 피부에 고루 발라주는 것도 좋은 방법이다.

내가 가장 즐겨 쓰는 방법은 차가운 알로에 젤을 얼굴에 바른 뒤 냉장고에 보관했던 시트팩 한 장을 올려주는 것이다. 그러면 피부 온도가 빠르게 떨어지는 것은 물론이고 더운 여름 기분 전환에도 아주 그만이다.

사후 처치도 중요하지만 애초에 적외선에 노출되는 일을 피해야 한다. 자외선·적외선 동시 차단제를 바르는 것도 좋은 방법이다. 자외선B 차단 효과를 나타내는 SPFSun Protection Factor 지수, 자외선A 차단 효과를 나타내는 PAProtection grade of UVA 등급, 근적외선 차단 기능 IRInfrared Ray이 모두 표기된 제품으로 고르면 된다.

요즘 대구에서는 역대급 폭염에 대비해 남녀 구분 없이 양산 쓰기를 일상화하자는 운동이 한창이라고 한다. 내가 가장 추천하는 적외선 차단 용품도 바로 양산이다. 들고 다니기 조금 번거롭긴 해도 양산 하나로 전신 피부와 두피까지 적외선으로부터 보호할 수 있으니 외출 필수품으로 챙기는 습관을 기르자.

다섯 번째 습관 부정적인 마음을 버린다

사람들이 쓰는 관용 표현에는 얼굴과 성격을 연관시킨 것이 많다. 미간 주름이 있으면 신경질적으로 보인다고 하고, 이마 주름이나 팔자 주름이 깊으면 걱정이나 시름이 있어 보인다고 한다. 뺨이 탄력을 잃고 늘어진 모습은 '심술보'로 묘사되기도 한다. 실제로도 그렇다고 단정할 순 없지만 성격이 얼굴에 주름이나 인상으로 새겨진다는 말에는 동의가 된다.

나이 들면 자기 얼굴에 책임을 져야 한다는 것도 그런 의미에서 나온 말이리라. 불평불만, 짜증, 질투, 화 등은 몇 번만 입 밖으로 내뱉어도 입에 착 달라붙는다. 그렇게 몸에 밴 부정적인 언어 습관은 성격으로 굳어지고 세월이 가면서 인격이 된다. 그리고 40대 이후로는 얼굴이 된다.

내 마음을 교묘히 숨기며 산다고 생각하겠지만 그건 우리의 착각일지도 모른다. 삐죽대는 입꼬리, 찌푸린 미간, 흘겨보는 눈길이 우리의 얼굴에 머무는 시간은 찰나일지라도 이것이 반복되면 얼굴에 어떻게든 흔적으로 남는다. 피부가 좋거나 예쁘게 생긴 얼굴은 아닌데 보면 볼수록 기분 좋고 매력 있는 사람이 있는가 하면, 이목구비가 분명하게 생겼는데도 인상이 사납고 심술궂어 보이는 사람이 있다. 아름다움은 내면에서 나온다는 말이 상투적이긴 해도 거짓은 아니다.

오늘 내 얼굴은 어떤가? 어떤 인격, 어떤 성격을 보여주고 있을까? 내가 추구하는 삶의 목표와 방향을 잘 드러내고 있는 얼굴일까? 나는 내 얼굴에 어떤 책임을 져야 할까? 가끔은 낯선 시선으로 내 얼굴을 찬찬히 들여다보며 어떤 표정, 어떤 인격을 보여주고 있는지 살피도록 하자.

제4장

다시 일어나 달리는
여성들에게

중년 여성
경제독립
만세

나는 결혼하고 아이를 낳고서도 소소하게나마 일을 계속했다. '일'이라면 좀 거창하게 들리는데, 피부 관리 숍 운영 외에 동네 지인들 피부를 관리해준다거나 차비 정도 받고 대신 옷을 사오는 등 용돈벌이 수준의 일이었다. 당시만 해도 돈이 궁하지 않았으니 심심풀이라고 해도 좋았다.

그런데 결혼 17년째에 남편 사업이 갑자기 기울면서 하루아침에 고등학생 딸아이와 길바닥에 나앉을 위기에 처했다. 그 사실을 알게 된 날부터 일주일 동안은 아무것도 못 하고 눈물만

났다. 말하고 싶지도, 먹고 싶지도 않았다. 그저 이 기막힌 상황이 꿈이길 바랐다.

'그럴 리가 없어. 집은 남아 있겠지. 어느 정도는 있을 거야. 어떻게 다 없어져? 말도 안 돼. 아니야, 아니야!'

모든 게 거짓이길 바라고 바랐다. 딱 일주일이었다. 그 시간 동안 나는 깊은 절망에 몸부림쳤다. 그렇게 일주일이 지나고 나니 울고만 있을 때가 아니라는 생각이 들었다. 뭐라도 해서 살아야 했다.

피부 관리 숍을 그만둔 후로는 공부만 하며 쭉 전업주부로 살아온 터라 어떻게 돈을 벌어야 할지 막막하기만 했다. 아르바이트 알선 앱을 뒤지고 뒤지다가 고깃집 홀 서빙 아르바이트 자리를 발견했다. 전화로 먼저 간단히 나 자신을 소개하면서 나이 때문에 거절당할 것 같아 가슴이 두근거렸다. 태어나 한 번도 안 해본 일이었지만 와보라는 말에 밤잠을 설쳐가며 어떻게 해야 면접을 통과할 수 있을지 생각하고 또 생각했다.

그리고 면접 통과! 드디어 일하기 시작했고 처음 겪는 고된 일에 몸이 부서지는 것 같았다. 퇴근하면 숟가락 하나 들 힘도 없어 그냥 바로 누웠다. 그런데 참 이상하게도 일이 힘들었지만 재미있었다. 고통스러운 상황에서 그냥 주저앉아 우울해하는 것이 아니라 돈을 벌기 위해 아침마다 출근한다고 생각하니 새로운 에너지가 샘솟는 걸 느꼈다.

'난 이런 일도 잘 해낼 수 있는 사람이었어. 내게도 돈 벌 능력이 있었어.'

뭔가 해낸 기분이 들면서 자신감이 차오르고 나에 대한 기대감이 생기기 시작했다.

몇 달 후 친구들이 내가 고생하는 모습을 도저히 못 보겠다면서 장사라도 해보라고 목돈을 만들어주었다. 평생을 남에게 베풀며 살고 싶었는데 이렇게 큰 도움을 받을 줄은 몰랐다. 친구들이 어렵게 마련해준 돈을 염치 불고하고 받았다. 그렇게 시작한 일이 뽀따 언니네 옷가게다.

옷가게를 하는 4년 동안 겁도 나고 힘들고 때로는 서럽기도 했지만 한편으로는 나 자신이 신기하고 대견했다. 남편이라는 우산 아래 있을 때는 몰랐던 나의 재능을 발견했기 때문이다. 알고 보니 나는 영업에 재능이 있었다. 사람을 설득하고 받들고 관계를 맺는 능력이 있었다. 고깃집 아르바이트 때도 잠깐 느꼈지만 내 가게를 시작하면서 내게도 이런 잠재력이 있다는 걸, 일터에서 능력을 발휘해 더 크게 성장하고 성취할 수 있다는 걸 확실히 알게 되었다.

앞으로 아무리 거센 폭풍우가 몰아쳐도 다른 이의 우산에 의지하지 않고 스스로 힘과 용기를 북돋워가며 꿋꿋이 버틸 수 있으리라는 자신감도 생겼다. 일을 한다는 것, 내 손으로 돈을 번다는 것은 그런 이유로 숭고하고 귀하다는 사실도 깨달았다.

나를 위해, 세상을 위해
일한다는 것

나는 비혼이든 기혼이든, 살림이 넉넉하든 아니든 일할 여건
만 되면 경제활동을 하라고 권하고 싶다. 어린이집에 보낼 만큼
아이를 키워놓은 젊은 여성이라면 꼭 재취업을 했으면 좋겠고,
특히 갱년기 우울증으로 고생하는 중년 여성이라면 자리를 박
차고 일어나 아르바이트라도 했으면 좋겠다.

전문직 종사자 출신이라면 모를까, 애 키우고 살림하던 여성
에게 돈 잘 벌고 편한 일자리가 주어질 리 만무하다. 그깟 푼돈
벌려다 약값만 더 쓰지 말고 그냥 집에 있으라는 남편의 핀잔을
들을지도 모른다. 하지만 그래도 무슨 일이든 해봤으면 좋겠다.
내 몸을 움직여 돈을 버는 경험, 그 짜릿한 해방감을 느껴보길
바라기 때문이다.

일은 단순한 돈벌이가 아니다. 일을 통해 우리는 숨은 재능을
발견하고 발휘하며 이를 통해 자기효능감을 느낀다. 그간 가족
만을 위해 쓰였던 내 재능이 이제 더 넓은 세상을 위해 쓰인다
고 생각하면 자신감도 자존감도 빵빵하게 채워진다.

무엇보다 내 손으로 돈을 버는 경험은 나를 더 강하게 만든
다. 집에만 있으면 세상이 두렵다. 나도 처음에 그랬듯이 남편
의 우산을 벗어나면 큰일이라도 날 것 같을지 모른다. 그러나

그 우산 안에만 머물기도 두렵다. 이 우산은 얼마나 튼튼하고 얼마나 오랫동안 듬직하게 나를 지켜줄까? 이러다 나만 도태되는 건 아닐까? 처음엔 힘들겠지만 집 밖으로 나와보자. 세상 속에서 부딪히고 깨지면서 맷집을 키워보자.

나는 신학대학원을 다니며 기독교 소그룹을 이끄는 활동을 꾸준히 했던 터라 내가 경험하는 세상이 좁지만은 않다고 자부했다. 그런데 갑자기 세상 한가운데 툭 던져져 장사라는 걸 해보니 그게 아니었다. 이제까지 가정과 교회, 학교, 딱 그만큼이 내 세상이었다는 걸 알게 되었다. 당연히 내가 성장할 여지에도 한계가 있었다. 이제는 세상 한가운데서 일하며 다양한 사람들과 관계를 맺고 이를 통해 지적·영적 성장을 경험하고 있다. 그리고 사회적으로, 정신적으로 내 세계와 한계가 더욱더 넓어지고 있음을 느낀다.

처음에는 나 자신을 위해, 나를 일으켜 세우려고 시작한 일이었다. 하지만 지금은 이 모든 경험과 과정과 성장을 거쳐 남을 돕고 일으켜 세우는 것이 사명이 되었다.

무엇이든 시작이 어렵다. 시작하는 단계에서 너무 오래 고민하지 않았으면 좋겠다. 출발선에서 오래 망설이면 자신에 대한 믿음을 잃기 쉽다. 나를 보는 모든 이의 시선이 '잘할 수 있니? 잘 해낼 수 있겠어?' 하고 묻는 것만 같아 발이 쉽게 떨어지지 않는다. 하지만 괜찮다. 원래 모든 시작은 부담스럽고 떨린 법이다. 그 부담감과 긴장을 그대로 끌어안은 채 그냥 시작하면 된다. 너무 잘하거나 잘 해내려고 하지 말고 그냥 눈 딱 감고 출발하자.

세상 속으로 딱 한 걸음, 그 한 걸음이 중요하다. 당신이 용기 내어 내디딘 그 첫걸음을 뜨거운 가슴으로 응원하고 응원한다.

뽀따의
유튜브
도전기

○

방배동에서 옷가게를 연 지 4년째 되던 해에 건강이 급속도로 나빠졌다. 옷이 참 무거운 물건이라는 걸 옷가게 하기 전엔 미처 몰랐다. 옷을 사입해 가게까지 들고 와서는 일일이 다리고 실밥 다듬고 수선하고 진열하고 하루에도 수십 번씩 걸었다 내리기를 반복하며 4년을 지냈다. 그러다 보니 손목은 늘 시큰시큰 아프고 손가락 통증도 심하고 어깨는 수술까지 하는 지경에 이르렀다. 일단은 일을 잠시 쉴 필요가 있었다. 그 틈을 둘째 언니가 파고들었다.

"보연아, 너 유튜브 한번 해볼래?"

언니가 진행하는 유튜브 채널 MK TV에 '네 자매 의상실'이라는 코너가 있었다. 증평에서 의상실을 하시던 엄마 밑에서 자라 이제는 중년이 다 된 우리 네 자매가 주부, 엄마, 직업인으로 살면서 얻은 일상의 작은 팁을 공유하고 수다를 떠는 유쾌한 코너였다. 작은 코너였지만 구독자들 반응이 꽤 좋아서 나중에는 어엿한 독립 채널로 운영되기도 했다.

당시 나는 언니들과 수다 떠는 재미에만 마냥 빠져 있었다. 그런데 가게를 잠시 쉬어야 했고 마침 내가 4060 패션·뷰티를 소개한 회차가 구독자들로부터 큰 호응을 얻자 언니가 유튜브를 해보라고 권유한 것이다.

패션·뷰티에 관해서라면 누구보다 잘할 자신이 있었지만 그렇다고 덥석 시작하려니 왠지 두려운 마음이 들었다. 언니에게 일주일만 생각할 시간을 달라고 했다. 이것이 내가 정말 가고 싶은 길인지, 이 길 끝에서 마주할 나는 어떤 모습일지 진지하게 기도하며 답을 구하고 싶었다.

그렇게 간절하게 길을 묻고 구한 지 일주일 만에 마침내 결심이 섰다. 신이 내게 주신 모든 재능을 땅에 묻지 말고 세상에 꺼내 보이자! 내 인생의 새로운 도전은 그렇게 시작되었다.

유튜브 3년 버티는
다섯 가지 비결

뽀따TV를 개국한 지도 이제 3년이 다 되어간다. 그간 500개가 넘는 영상을 만들었고 구독자 수도 점차 늘어 20만 명 돌파를 눈앞에 두고 있다. 둘째 언니 옷방을 빌려 영상을 찍던 초창기를 돌아보면 어떻게 여기까지 왔는지 까마득하기만 하다.

'유튜브는 재능이 아니라 버티기가 전부'라는 말이 있다. 물론 내가 유튜브로 성공했다고 말하기는 아직 이르다. 하지만 혹시 기대한 만큼의 반응이나 수익이 없어 유튜브를 그만두려고 한다면, 이제 막 시작해서 갈피를 못 잡고 있다면 내 경험이 분명 도움이 될 것이다. 3년간 내가 꾸준히 콘텐츠를 만들 수 있었던 비결은 다음과 같다.

첫 번째 비결: 콘텐츠 콘셉트를 확실하게 잡아라

4060 여성은 갱년기를 통과하면서 미모나 건강에 대한 자신감을 잃고 의기소침해지기 쉽다. 그래서 패션·뷰티 정보에 대한 갈망이 누구보다도 크지만 안타깝게도 이런 정보 대부분은 2030 여성이 타깃이다.

4060 여성의 이런 간지러운 속사정을 시원하게 긁어주자는 것이 뽀따TV의 콘셉트다. 패션 및 뷰티 채널은 레드오션이라

고 할 정도로 너무나 많고 다양하지만 4060은 이 콘텐츠에서 늘 소외되었다. 이 사실을 누구보다 4060인 내가 잘 알고 있었기에 뜨거운 마음으로 콘셉트를 정했다. 이로써 패션과 뷰티에서 소외된 4060 틈새시장에 초점을 맞추게 되었다.

두 번째 비결: 구독자에게 진심으로 다가가라

뽀따TV를 시작하며 나는 무엇보다 구독자들에게 정확한 정보와 긍정적인 에너지를 전달하고자 노력했다. 반투명 메이크업을 뽀따TV의 첫 영상 소재로 정한 이유도 4060 여성들에게 자신감을 주자는 사명감이 있었기 때문이다.

기미, 주근깨, 요철, 주름살 등은 부끄럽고 숨겨야 할 것이 아니라 이제껏 내가 살아온 삶의 흔적이자 증거다. 이를 진한 메이크업으로 가리려고만 하면 오히려 부자연스럽고 어색해 보인다. 이 나이에 반투명 메이크업을 어떻게 하냐면서 손사래부터 치지 말고, 우리도 얼마든지 얇고 자연스러워 보이는 메이크업을 할 수 있다고, 요령만 알면 누구라도 가능하다고 알려주고 싶었다. 이런 사명감이 있어야 반응이 신통치 않거나 정체기일 때도 흔들림 없이 인내하며 꾸준히 콘텐츠를 만들 수 있다.

세 번째 비결: 끊임없이 공부하고 연습하라

나는 아이템을 선정한 뒤에는 관련 서적과 잡지를 십수 권 찾아 읽는다. 그래야 기본부터 전문 정보에 이르기까지 내 것으로 완벽하게 소화할 수 있기 때문이다.

가령 헤어스타일링 영상을 제작하려면 스타일링 기술만 알아서는 안 된다. 헤어스타일링은 머리숱이나 머릿결과도 밀접한 관련이 있으므로 결국 머리카락을 건강하게 유지하기 위한 생활 습관부터 짚어야 한다. 관련 잡지나 전문 서적을 읽는 건 기본이고, 필요에 따라서는 각 분야의 전문가를 찾아가 내가 바로 알고 있는지 확인하고 다시 배워야 한다.

이렇게 관련 내용을 숙지한 다음에는 나만의 언어로 쉽고 친근하게 전달할 수 있도록 연습에 연습을 거듭한다. 내가 말하는 내용을 속속들이 알지 못하면 앵무새처럼 떠들 순 있어도 진정성 있게 전달할 수 없다.

라이브 커머스 초반에는 실수할까 봐 사전에 대본을 작성하고 토씨 하나까지 달달 외운 적도 있었다. 그런데 방송을 마친 후 되돌아보니 그건 소비자와의 소통이 아니라 그냥 쇼 또는 연기에 불과했음을 깨달았다. 이후로는 외우는 짓은 하지 않는다. 뷰티 노하우든, 제품 설명이든 툭 치면 줄줄 나올 정도로 충분히 공부하되 방송을 위해서는 아웃라인만 대강 정해둔다. 그래야 더 진솔하고 유연하게 소통하며 방송을 끌어갈 수 있다는 걸 알았기 때문이다.

네 번째 비결: 항상 구독자와 소통하라

'뽀따 언니, 그저께 우리 아들 군대 보냈어요. 마음이 너무 힘들어서 잠이 안 와요.'

'뽀따 언니 영상 보고 펑펑 울었어요. 언니 메이크업 영상 보니까 저도 달라질 수 있을 거란 자신감이 생겨요.'

'뽀따 언니, 저 너무 힘들어요. 제 말 좀 들어주세요….'

영상이나 인스타그램 다이렉트 메시지에 이런 댓글이 올라오면 얼른 답글을 주고 싶어 애가 닳는다. 귀갓길에 절박한 사연을 본 날이면 마음이 급해 신발도 못 벗고 현관에 선 채 정신없이 답글을 달기도 한다.

함께 울고 웃고 위로하고 토닥이고 쓰다듬는 관계가 디지털에서도 가능하다는 걸 이 일을 하면서 처음 알았다. 내게 유튜브는 가장 사랑하는 친구와 언니와 동생 그리고 또 다른 가족이 있는, 생각만 해도 행복해지는 공간이다.

다섯 번째 비결: 진정성이 생명이다

요즘은 '진정성'이라는 말을 하도 많이 써서 오히려 진정성이 떨어져 보일 때가 많지만 라이브 커머스야말로 진정성이 생명이다. 구독자가 내 방송을 보며 물건을 구매하는 이유는 뽀따를 믿기 때문이다. 뽀따의 라이프스타일에 공감하고 그 선택을 신뢰하기 때문에 뽀따가 추천하는 물건을 구매하는 것이다.

이처럼 라이브 커머스에는 엄청난 윤리적 책임이 따른다. 좋다고 확신하지 못하는 물건, 심지어 상품 설명서만 대강 읽고 체험조차 해보지 않은 물건을 판다는 건 상상조차 할 수 없다. 비누 한 장이라도 최소한 20종 이상 직접 써보고 결정한다. 얼마 전 공구한 샴푸만 해도 최고가 및 중저가 라인, 프리마켓 입소문 상품 등 다양한 제품군에서 20개를 추리는 데 1년, 이렇게 선정한 제품을 집중적으로 테스트해 최종적으로 하나만 선택하는 데 6개월이 소요됐다. 좋은 제품을 찾지 못해 무려 2년 반이 넘도록 헤매고 있는 아이템도 있다.

라이브 커머스는 구독자의 신뢰와 응원, 지지를 기반으로 한다. 기껏 쌓은 신뢰를 무너뜨리는 건 한순간이다. 눈앞의 이익에 휘둘리는 순간 구독자의 믿음을 얻을 수도, 유지할 수도 없다는 걸 늘 마음에 새기며 일한다.

진심이 쌓여
천직이 되기까지

한번은 둘째 언니가 자신은 뽀따TV 개국 초반에 만든 헤어 스타일링 영상이 가장 인상적이었다고 말한 적이 있었다. 뒷머리 스타일링을 설명하는데 뒷머리 쪽이 어둠에 묻혀 아예 보이지 않는, 한마디로 기술적으로 너무나 부족한 영상인데도 신기하게 사람을 끌어들이는 매력이 있더란다. 언니만 그렇게 느낀 건 아니었는지, '40~50대 어울리는 헤어스타일 5가지' 영상은 조회 수가 200만 회를 훌쩍 넘었다. 언니는 그 이유가 '진심'에 있는 것 같다고 했다. 기술보다 더 중요한 게 바로 사람들에게 진심으로 다가가는 것이라면서.

언니 말을 듣고 참 기뻤다. 내가 영상 하나하나를 만드는 마음이 구독자들에게 고스란히 전달되었다고 생각하니 뭉클했다. 내가 하는 일이 무의미하진 않구나, 나는 외롭지 않구나 하는 생각이 들었다.

앞으로도 나는 구독자와 함께 울고 웃으며 조금씩 성장하려 한다. '아묻따 뽀따', 아무것도 묻지도 따지지도 않을 만큼 믿는 뽀따란 뜻이다. 분에 넘치는 이 칭찬을 마음에 새기면서 부끄럽지 않은 선택을 하려 한다. 건강하고 아름답고 자존감 높은 여성으로 사는 방법을 구독자와 함께 끊임없이 모색하려 한다.

지금까지 나는 내게 주어진 모든 일에 최선을 다하며 살아왔다. 하지만 소명이자 천직이라고 생각하는 이 일은 쉰이 넘어서야 발견했다. 그러니 당신도 너무 늦었다고 단정하지 말자. 내가 그랬듯 자기 안으로 깊이 들어가 묻고 또 묻다 보면 수십 년을 바쳐도 좋을, 자신과 타인을 행복하게 해줄 일을 발견할 수 있다. 마침내 당신이 그런 일을 찾아 반짝반짝 빛을 낼 그날이 어서 오기를 벅찬 마음으로 응원한다.

'나도 유튜브
한번 해볼까?'
한다면

간혹 유튜브로 떼돈 번 사람들 이야기를 뉴스로 접할 때가 있다. 유튜브 크리에이터로 떼돈을 벌진 못했어도 그런 기사에 속이 쓰리거나 마음이 조급해지진 않는다. 다만 떼돈 번다는 기사만 보고 섣불리 유튜브에 덤벼들 사람들이 있을까 걱정이다.

나도 매체 인터뷰를 통해 중년 여성들에게 유튜브에 도전해보라고 권한 적이 있지만, 돈만 보고 유튜브를 시작한다면 말리고 싶다. 물론 나는 유튜브로 천직을 찾았고 삶의 보람도 느낀다. 하지만 이렇게 말하는 이유는 실제로 유튜브에 도전해보니 상상하던 것보다 훨씬 어렵고 힘들었기 때문이다.

처음 임신했을 때는 아기만 낳으면 '고생 끝, 행복 시작'일 줄 알았는데 막상 아기가 태어나니 임신부일 때가 좋았다는 여성이 많다. 출산 당시의 고통에만 대비하고 그 후 아기를 돌보는 일에는 각오하고 준비한 바가 없기 때문이다.

유튜브 도전도 이와 비슷하다. 출산만 한다고 곧바로 행복해지는 게 아니듯 유튜브를 한다고 다 대박 나고 성공하는 게 아니다. 휴대전화로 편하게 영상 찍어서 일단 올려라, 유튜브는 시작이 반이다, 누구나 도전할 수 있고 성공할 수 있다, 하루빨리 유튜브의 바다로 뛰어들어라 등 온갖 달콤한 문구에 현혹되어 시작하기에는 어려운 점이 너무 많다.

유튜브는 시작도 하지 말라고 말하려는 게 아니다. 환상만 품고 시작하면 크게 데일 수 있으니 그 명암을 잘 들여다봐야 한다고 말하는 것이다. 여기서는 유튜브를 시작하기 전 염두에 두면 좋은 몇 가지를 짚어보려 한다.

돈이 아니라
사명감을 좇아야 성공한다

가장 먼저 강조하고 싶은 건 유튜브로 돈 벌기가 생각만큼 쉽지 않다는 점이다. 콘텐츠에 붙는 광고, 즉 애드센스만으로는 수익을 올리기 힘들다. PPL이나 라이브 커머스를 해야만 그나마 돈이 벌리는데 이게 절대로 만만치가 않다. 용돈벌이나 해볼까 하는 안이한 생각으로는 결코 성공할 수 없다. 내 모든 시간과 노력, 자본을 올인한다는 생각으로 달려들어야 한다.

나도 유튜브를 시작하고 1년 반이 되기까지는 수입이 거의 없다시피 했다. 그나마 버는 돈은 아낌없이 콘텐츠에 투자했다. 돈뿐 아니라 시간과 노력도 거의 무한대로 쏟아부어야 한다. 잘 때를 빼고는 종일 콘텐츠만 생각해야 약속된 시간에 동영상을 업로드할 수 있다. 여행을 가도 콘텐츠를 만들 생각에 마음 편히 쉬지 못한다. 내가 가는 맛집이며 카페를 구독자들은 다 추천 장소로 생각할 테니 사전 조사를 철저하게 해야 한다. 예전처럼 아무 데나 마음 내키는 대로 들어갈 수가 없다.

그리고 유튜브를 시작하면 이로써 불특정 다수에게 내가 공개된다는 점을 고려해야 한다. 내가 젤리뽀 님들과 교감하며 깊은 유대감과 큰 행복을 느끼는 건 사실이지만 처음에는 악성 댓글 때문에 무척 힘들었다. 다행히도 나는 악플 하나를 발견하면 선플 아홉 개를 읽으며 마음을 추슬렀는데, 멘털 관리가 잘 안 되면 엄청난 상처를 받을 수 있다. 특히 돈만 생각하고 유튜브에 뛰어들었다면 '내가 이런 소리까지 들어가며 돈을 벌어야 하나' 하는 자괴감이 들어 끝까지 버텨내지 못한다.

또한 나만의 핵심 콘텐츠가 있는지 점검해야 한다. 나는 어릴 때부터 뷰티와 패션에 유난히 관심이 많았다. 대학 때는 메이크업이 마음에 안 들면 처음부터 다시 하느라 수업에 지각하기 일쑤였다. 한번은 성악 전공 수업에 들어갔는데 교수님이 "프리마돈나가 오셨으니 이제 다 온 걸로 알고 수업 시작합니다."라고 하시기도 했다. 연주회가 있으면 친한 친구들 메이크업은 무조건 내 담당이었다. 이 정도로 메이크업과 뷰티에 관심이 컸기에 몇 년째 뷰티 콘텐츠를 만들면서도 싫증이 나거나 아이디어가 고갈된 적이 없다.

이런 식으로 자신만의 독특한 개성을 담은 핵심 콘텐츠가 있어야 한다. 같은 아이템을 다뤄도 남들과 다른 방식으로 표현하고 전달할 수 있어야 한다. 별처럼 반짝이는 개성이 없으면 우주처럼 넓은 유튜브 공간에서 결코 살아남지 못한다.

마지막으로, 사명감이 있어야 한다. 단언컨대 돈만 바라면 유튜브는 절대 지속할 수 없다. 나는 돈 이전에 사명감을 우선으로 시작했기에 때로 지치고 마음 상하는 일이 있을 때도 흔들림 없이 꿋꿋하게 지속할 수 있었다. 내게만 해당하는 이야기가 아니다. 1년 이상 꾸준히 활동 중인 크리에이터라면 누구나 내 말에 동감할 것이다.

나는 뷰티 및 패션 콘텐츠를 통해 4060 여성들에게 자신감과 긍정 에너지를 심어주고 싶다는 사명감으로 뽀따TV를 시작했다. 단 한 사람이라도 내 콘텐츠를 보고 위로를 받을 수 있다면 좋겠다는 마음이었다. 어느 날 속상한 일을 겪고 울적한 기분으로 퇴근하는 길에 뽀따TV를 보고 작은 미소라도 지을 수 있다면, 밤새 울고 보채는 아기를 재우고 난 뒤 뽀따TV를 보며 고단했던 마음을 쉴 수 있다면 그것으로 충분했다.

마찬가지로 누군가는 요리하는 즐거움을 전하겠다는 사명감으로, 누군가는 돈 한 푼 없이 집에서도 건강을 유지하는 법을 알려주겠다는 사명감으로 지금도 열심히 콘텐츠를 만들고 있을 것이다. 이런 사명감이 있어야 내가 하는 일에 가치와 의미가 부여되고, 그 일을 계속해야 할 이유도 생긴다.

살아온 경험이 고스란히 콘텐츠가 된다는 점에서 중년 여성에게 유튜브는 좋은 기회일 수 있다. 나도 유튜브나 한번 해볼까 하는 마음이 든다면 이미 마음속에 사람들에게 전달하고픈 뭔가가 싹트고 있다는 뜻일 것이다. 그래도 유튜브 도전을 결정하기에 앞서 위 네 가지 조언을 깊이 생각해보길 바란다. 생각만큼 돈이 벌리지 않아도 괜찮은지, 부정적인 피드백을 감수할 수 있는지, 내가 정말로 좋아하고 잘할 수 있는 전문 분야가 있는지, 나는 어떤 사명감을 띠고 콘텐츠를 만들려는 것인지 차근차근 고민해보고 신중히 결정했으면 좋겠다.

거듭해 말하지만 나는 지금 하는 일이 참 좋다. 콘텐츠를 만들면서 삶의 의미를 찾고 행복을 발견하고 생계도 유지하고 있다. 하지만 그렇다고 해서 모든 사람에게 핑크빛 전망만을 전하고 싶진 않다. 유튜브만 시작하면 손쉽게 돈방석에 오를 수 있으리라 착각하는 사람들에게는 더욱 그렇다.

만일 이 네 가지 사항을 충분히 검토한 후에도 유튜브에 도전할 자신감과 의지가 있다면 두 팔 벌려 환영하고 응원한다. 이 유튜브라는 광대한 우주에서 반짝반짝 아름다운 빛을 발하는 크리에이터가 되길 기도한다.

뽀따 사장이
알려주는
내 가게 흥하는 비결

뽀따 언니네 옷가게는 목이 좋지 않았다. 중심 상가에서 뚝 떨어진 주택가 작은 골목에 있는 '나 홀로' 가게였다. 왜 그런 곳에 가게를 냈을까? 한마디로 경험이 부족했기 때문이다. 방배동에서 쭉 살았으니 익숙한 동네에서 장사해보자는 단순한 생각으로 이것저것 안 따지고 급하게 계약했다.

당연히 첫 6개월은 파리만 날렸다. 하지만 이후로는 서서히 매출이 오르기 시작해 2년째부터는 말 그대로 호황을 누렸다. 입지 조건상 다양한 손님이 유입되진 못했지만 열성적인 단골이 꾸준히 늘면서 가게 운영에 큰 힘이 되어주었다.

언니들과 함께 만든 유튜브 채널 '네 자매 의상실'에서 그 시절 나만의 영업 비결을 이야기했더니 마케팅이나 장사에 큰 도움이 되었다는 댓글이 많이 달렸다. 그 반응에 힘입어 옷가게 시절 이야기를 조금 들려드릴까 한다. 서비스업이나 자영업에 종사하는 분들에게 부디 작은 도움이나마 되었으면 좋겠다.

고객의 간지러운 부분을 집중 공략하자

가게를 열고 첫 6개월 동안은 손님이 안 오는 건 아닌데 구매로 이어지지 않아 힘들었다. 기껏 들어와 구경만 하고 나가는 손님을 보면 소맷부리라도 붙잡고 묻고 싶었다. '대체 우리 가게 옷에 무슨 문제라도 있나요?'

그렇게 속절없이 손해만 보다가 갑자기 번쩍 깨달음이 찾아왔다. 창업 전 당연히 그 지역의 특성부터 분석했어야 했다. 그런 고민 없이 단순히 비싸면 안 팔릴 거라는 계산으로 중저가 옷을 들인 게 부진의 원인이었다. 비싼 옷을 사려면 백화점에 가지, 굳이 우리 가게에 올까 싶었지만 그게 아니었다. 가게를 찾는 손님들 옷차림을 찬찬히 살펴보고 분석한 후 내 생각이 틀렸음을 깨달았다. '방배동 고객들은 가격에 상관없이 질 좋은 옷을 원하는구나!' 고가의 고급 상품을 들여오자 과연 조금씩 매출이 오르기 시작했다.

여기서 한 발 더 내디뎌보기로 했다. 방배동 사는 4060 여성들이 백화점에 안 가고 우리 옷가게에 와야 하는 이유가 뭘까? 이 나이대의 일하는 여성들에게 백화점 1층부터 일일이 훑는 쇼핑은 사실 귀찮고 번거로운 일이다. 머리부터 발끝까지 책임져주는 가게가 동네에 있다면 얼마나 반가울까? 고객의 입장이 되어 생각해보니 답이 나왔다. 우리 가게가 그런 곳이 되어주자. 옷만 팔 게 아니라 잡화까지 취급하는 토털 코디네이션 공간으로 거듭나자!

재킷을 찾는 손님이 있으면 안에 입을 블라우스와 바지, 스카프, 모자, 구두, 가방, 브로치 등 옷차림 일체를 코디해주었다. 행여 손님이 부담스러울까 봐 이렇게 말하는 것도 잊지 않았다.

"사시라고 보여드리는 게 아니에요. 집에 이거랑 비슷한 스카프 있으시죠. 이 재킷에 이렇게 활용하시면 돼요."

그렇게 말했지만 거의 모든 손님이 머리부터 발끝까지 내가 코디한 모든 상품을 샀다. 어느새 나는 방배동 4060 여성들의 퍼스널 쇼퍼 같은 존재가 되어 있었다.

"뽀따야, 한 달 있다 우리 딸 상견례가 있는데 그날 뭐 입으면 좋을까?"

"뽀따 언니, 나 내일 결혼식 가는데 뭐 입지?"

"내일 중요한 강연이 있는데, 차분하고 고상하면서도 세련된 옷 없나요?"

어떤 고민이든 우리 가게에만 오면 앉은 자리에서 한 방에 해결할 수 있었다. 만일 당시에 옷 매출에만 매달렸다면 뽀따네 옷가게는 만성 적자로 문을 닫았을지도 모른다. 지금 생각해도 토털 코디네이션으로 콘셉트를 변경하고 주 수익원을 잡화로 설정한 건 진짜 잘한 일이었다. 다양한 손님이 자연스레 찾아드는 목 좋은 가게가 아니라 일부 충성스러운 단골에 의존해야 하는 '나 홀로 가게'로서는 최고의 결정이었던 것 같다.

스스로 부끄럽지 않은 물건만 판다는 자부심

사실 옷은 사도 그만, 안 사도 그만인 아이템이기에 충동구매를 해놓고 후회하는 사람이 많다. 그래서인지 근거 없는 꼬투리를 잡아 환불받으려는 손님도 간혹 있다.

한번은 손님 한 분이 블라우스 한 벌을 사가고는 이튿날 찾아와서 옷에 얼룩이 묻어 있다며 환불을 요구했다. 하지만 손님의 말은 그 블라우스 한 벌을 팔기까지 내가 얼마나 샅샅이 살피고 관리했는지 모르고 하는 소리였다. 그 옷에 내가 모르는 얼룩이 있을 확률은 제로에 가까웠다.

나는 우리 가게에 들이는 모든 옷을 일단 뒤집어 실밥을 꼼꼼하게 떼어내고 하자는 없는지 샅샅이 살핀다. 그런 뒤 말끔하게 1차 스팀 다림질을 거쳐 2차 마무리 다림질까지 하고 포장한다. 이런 과정을 거치면 모든 제품의 구석구석을 다 알게 된다. 그 옷의 솔기 하나까지 알고 있었던 나는 당당하게 응대했다.

"언니, 어제 와인 드셨어요? 이거 보니까 와인 얼룩인데?"

"어? 잠깐 입고 있었는데 그새 흘렸나?"

손님은 겸연쩍은 듯 말하더니 순순히 물러섰다. 내가 스스로 부끄럽지 않을 상품만 판다는 자신감이 없었으면 그렇게 억울하게 환불해준 옷이 아마 수십 벌은 되었을 것이다.

단추 꿰맨 마감이 형편없다는 컴플레인을 듣기 싫어서 블라우스에 붙은 진주 모양의 작은 단추 30개를 일일이 다시 꿰맨 적도 있었다. 이렇게 자신의 가게에서는 완벽한 상품만 판다는 책임감과 신념이 있어야 "그 가게에서는 뭐든 눈 감고 사도 돼." 같은 평가를 들을 수 있다.

모든 사람이 우리 가게의 잠재적 고객이다

주택가에 있는 옷가게는 그 동네 주민이 곧 손님이다. 그렇다 보니 동네 어딜 가나 손님과 마주칠 수밖에 없었다. 고객으로 찾아간 은행이나 제과점, 슈퍼마켓에서도 단골을 만나 응대하는 기분은 썩 유쾌하지 않았다. 마치 직장 상사와 한동네 사는 직장인의 심정이랄까.

그러다 마음을 바꿔먹었다. 이 동네 어디를 가든 어차피 나는 뽀따 언니네 옷가게 사장일 수밖에 없으니 차라리 나 자신을 옷가게 홍보 수단으로 활용하자고 말이다. 누굴 만나든 모든 이가 내 잠재적 고객이라고 여기고 섬기자고 생각했다.

그때부터 동네에서 단골을 만나면 스트레스가 아니라 반가움이 밀려들었다. 볼일이 있어 가게 밖을 나설 때는 일부러 우리 가게 주력 상품을 걸치고는 '내가 우리 옷가게의 살아 있는 마네킹이다'라고 생각하며 동네를 활보했다. 그러면 잠시 후 휴대전화에 불이 났다.

"뽀따야, ○○은행 건널목 앞에 서 있는 사람, 너 맞지? 지금 입은 그 코트 뭐야?"

"언니, 나 지금 ○○빌딩 2층에 있는데 언니가 보여서. 언니가 지금 입은 바지, 가게에서 파는 거야? 나 당장 살 테니까 한 장만 빼놔."

동네 장사로 사생활 구분이 어려워 스트레스를 받는 자영업자가 있다면 나처럼 마음을 달리 먹어보면 어떨까? 자신을 '갑을 응대하는 을'이 아닌 '내 가게 홍보 대사'라고 생각하면 어디서 누굴 만나도 잠재적 고객을 맞는 마음으로 반가워할 수 있다.

고객 한 사람, 한 사람에게
무섭게 집중하라

토털 코디네이션으로 전략을 바꾸고 난 뒤부터 손님 한 사람이 많게는 수백만 원에 이르는 매출을 올려줄 때가 종종 있었다. 그러다 보니 손님 한 사람, 한 사람에게 고도로 집중할 수밖에 없었다.

한번은 어떤 손님이 작정하고 머리부터 발끝까지 모든 아이템을 사려고 들어왔다. 최선을 다해 원피스, 아우터, 가방, 신발을 권해드렸고 그분도 매우 만족해하며 가게를 나섰다. 그런데 손님이 떠나고서야 그 차림새에 찰떡처럼 어울리는 스카프를 발견했다. 그때 얼마나 속상했는지 모른다. 스카프 한 장을 더 못 팔아서가 아니라 그분이 나를 믿어준 만큼 완벽한 코디네이션을 하지 못했다는 자책감 때문이었다.

그 후부터는 세상에 오직 그 손님 하나만 존재하는 것처럼 고도로 집중하는 습관이 생겼다. 친구가 손님을 응대하는 나를 보고는 무서워서 말도 못 붙이겠다고 할 정도였다. 손님이 가게에 들어오면 아무리 화장실이 급해도 자리를 뜨지 않았다. 특히 손님이 새 옷을 입고 처음으로 거울을 마주하는 순간에는 반드시 곁을 지켰다. 그때 내가 얼마나 기민하게 반응하느냐가 손님이 그 옷을 사느냐 마느냐를 결정하기 때문이다.

옷이 좀 마음에 안 들어도 이러저러하게 수선하면 된다거나 이런 옷을 받쳐 입으면 된다는 설명을 들으면 달리 보이기 마련이다. 그렇다고 안 어울리는 옷을 부추겨 판 적은 없다. 안 어울리는 옷은 솔직하게 안 어울린다고 말해야 잘 어울린다는 말에도 힘이 실린다.

손님이 입을 열기도 전에 먼저 그 마음을 읽어내는 것도 중요하다. "정말 잘 어울리는데 소매가 좀 길어서 아쉽죠? 니트도 줄일 수 있어요. 언니 마음에 쏙 들게 고쳐놓을게요." 나중에는 손님이 요구하기도 전에 손님 체형에 맞춰 옷을 미리 수선해놓기도 했다. 단추 많은 옷을 팔면서는 이렇게 말했다. "언니, 나중에 드라이 맡기기 전에 갖고 오세요. 내가 단추 안 떨어지게 다시 잘 꿰매드릴게." 그다음부터는 내 말이라면 팥으로 메주를 쑨대도 믿어주는 열혈 팬이 된다.

고객에게 집중해서 고객보다 먼저 그 마음을 읽고 기민하게 움직이면 고객을 단골로, 단골을 열혈 팬으로 만들 수 있다.

내가 잘되려면 우리가 잘돼야 한다

앞서도 말했지만 우리 옷가게는 중심 상가에서 벗어난 작은 골목 주택가에 있었다. 어떻게 해야 중심 상가의 손님을 가게로 끌어올 수 있을까? 고민하다가 내가 먼저 그 고객이 되어보기로 했다. 아침마다 중심 상가 미용실에 가서 머리를 하고 근처 카페와 베이커리에서 손님에게 대접할 커피와 빵을 샀다. 미용실 원장님의 어머님이 체구가 작으셔서 옷 사기 힘들어하신다는 말을 듣고는 XS 사이즈 옷을 일부러 챙겨드리기도 했다.

시간이 흐르자 미용실, 카페, 베이커리 사장님도 우리 가게의 단골이 되었다. 그뿐 아니라 자기 가게에 오는 고객에게 우리 옷가게를 자발적으로 홍보해주었다. 우리 가게 위치를 모르는 손님이 있으면 직접 길을 안내해주기까지 했다.

어느덧 우리 가게는 중심 상가 여성 자영업자들의 사랑방이 되었다. 시골에서 올라온 옥수수를 한가득 쪄서 함께 나눠 먹기도 하고, 자기 가게 화분을 바꾸면서 우리 가게에도 화분을 보내오기도 했다.

우리 가게만 잘되어선 오래 버티기 힘들다. 결국 우리 골목, 우리 상권이 살아야 한다는 걸 자영업자들은 잘 알고 있으리라 생각한다. '나만 잘되면 돼'에서 벗어나 '우리 함께 잘되자'가 되면 이렇게나 든든해진다.

손님 끄는 비법?
진심은 반드시
통한다

옷가게를 열고 6개월 동안은 매출이 거의 없었다. 첫 며칠은 이른바 '오픈발' 때문인지 손님도 제법 오고 매출도 생겨 신기했다. 하지만 얼마 안 가 손님이 점점 뜸해졌다.

그러던 어느 날 매출이 0원을 기록한 적이 있었다. 너무 충격적이고 슬펐지만 내일은 괜찮을 거라며 애써 넘겼다. 하지만 이튿날도 매출이 0원이었다. 그래도 꾹 참고 견뎠다. 사흘 연속으로 매출이 전혀 없자 마음이 요동치기 시작했다. 가게 문을 닫고 퇴근하며 해가 진 어스름한 하늘 아래 서 있는데 갑자기 후

드득 눈물이 쏟아졌다. 모든 것이 너무 두렵고 막막해서 가슴이 터질 것만 같았다.

지금도 당시 기억이 생생하다. 그런 경험을 몇 번 하면 손님 한 분, 한 분이 엄청 귀하게 느껴진다. 가게 문을 열고 들어오는 모든 손님이 내 인생의 구원자인 것만 같다. 2년 후 매출이 크게 오른 뒤에도 그 시절 그 마음만은 절대 잊지 않으려 했다. 행여 초심을 잃을까 두려워서 가게에 크게 써 붙이기까지 했다.

'옷만 입혀드리지 말고 마음을 입혀드리자!'

'커피 한 잔을 드려도 정성을 다하자!'

이런 문장을 아침마다 직원과 함께 구호처럼 외치며 가게 문을 열었다. 뻔하디뻔한 말이지만 매일 소리 내어 읽으며 다짐하면 정말로 달라진다. 같은 방법도 얼마나 절실한 마음으로 실천하느냐가 성패를 가른다.

고맙게도 이런 마음을 손님들이 알아주기 시작했다. 한번은 손님 한 분이 연세대에서 강사로 일한다는 딸을 데리고 왔다.

"너, 여기서 딱 두 시간만 뽀따 사장님 일하는 거 지켜봐. 그럼 인생을 배울 수 있을 거야."

손님의 그 말이 눈물 나게 고마웠다. 그분의 딸이 그날 인생을 배웠는지는 잘 모르겠다. 하지만 억지춘향으로 앉아 있던 두 시간이 그리 괴롭진 않았는지 이후 우리 가게 단골이 되었다. 무슨 일이 생기면 나와 의논하러 종종 가게에 들르기도 했다.

옷가게 단골 중에 건축회사를 운영하는 분이 있었다. 워낙 키가 작아서 기성복은 입기 어려운 분이었는데 오로지 우리 집 옷만 입었다. 내가 그분의 체형에 맞게 옷을 다 수선해드렸기 때문이다. 그날도 면티 하나를 수선해드렸더니 나를 지그시 바라보면서 말했다.

"자기는 성공할 수밖에 없어. 자기는 사람을 예뻐해."

내가 들은 최고의 덕담이었다. 손님을 매출을 올리기 위한 수단으로 보지 않고 진심으로 섬기고 귀하게 여기려고 하는 내 노력을 알아주는 말이었다.

"어떻게 하면 손님 마음을 살 수 있을까요?"

"어떻게 하면 고객과 신뢰 관계를 구축할 수 있나요?"

간혹 이런 질문을 받을 때가 있는데 내 대답은 하나뿐이다. 정말 진심밖에 없다. 환심을 사려 하지 말고 진심을 전하는 것만이 상대방의 마음을 사는 가장 효과적인 방법이다.

자잘한 손해로
크게 얻는 법

피부 관리 숍을 운영하던 시절, 멀리서부터 오는 단골이 있었다. 그 마음이 너무 감사해서 예약 손님이 없을 때면 직원에게 잠시 숍을 맡겨놓고 전철역까지 그 손님을 배웅해드리곤 했다.

사장님 배웅을 받는 가게는 여기가 유일할 거라며 즐거워하던 손님의 얼굴이 아직도 눈에 선하다.

단골 중에는 20대 회사원들도 있었다. 퇴근하고 마사지까지 마치고 나면 늦은 저녁이 되는데, 배고플 걸 생각하니 그냥 보내기가 미안해서 꼭 밥을 사 먹였다. 마사지 정기권이 얼마나 한다고 밥까지 사 먹이냐, 그렇게 장사해서 이윤이 남겠냐 하는 소리도 들었다. 하지만 일뿐 아니라 자기 관리에도 열심인 그녀들이 내 동생 같고 예뻐서 그냥 보낼 수가 없었다.

옷가게를 할 때도 나는 수선비를 받아본 적이 없다. 우리 가게 수선을 전담해서 하는 분이 있었는데, 실력이 뛰어난 만큼 공임이 싼 편은 아니었다. 그런데도 내가 손님들에게 수선비를 받지 않았던 건 맞춤복처럼 손님의 취향과 구미에 꼭 맞는 옷을 선사하고 싶어서였다.

우리 옷가게는 동네 사랑방처럼 놀러 오는 사람들로 북적이곤 했다. 나는 그들에게 자주 빵과 커피를 무료로 대접했다. 그렇게 놀러 와서 이런저런 수다를 떨며 커피도 마시고 빵도 먹다가 새로 들어온 옷을 발견하고는 "뽀따야, 저건 뭐니? 못 보던 옷이네?" 하고 물어보는 이들이 많았다. 빵값, 커피값 같은 푼돈 아끼려고 들면 이런 타이밍은 절대 안 온다.

누군가 전화해서 "뽀따 사장, 그때 내가 빼놔 달라던 옷 지금 가지러 갈게. 근데 오늘 너무 피곤하고 배고파."라고 하면 당장 이렇게 대답했다. "언니, 얼른 와요. 오는 시간 딱 맞춰서 김밥 주문해놓을게." 김밥도 당연히 무료 제공이었다.

손님들에게 덤도 많이 주었다. 블라우스를 사면 어울릴 만한 브로치를 준다거나 하는 식이었다. 하도 그러니까 손님들이 자기가 받을 덤을 미리 고를 때도 있었다. 일부 손님들에게는 특별 할인가로 물건을 팔기도 했다. 친정에 아이 맡기고 맞벌이하는 30대 초반 손님, 늦게까지 야근하고 피곤한 얼굴로 가게에 들어서는 20대 직장인 손님들이 내 딸처럼 안쓰럽고 예뻐 보여서 특별히 가격도 많이 깎아주고 덤도 많이 얹어주고 그랬다.

당시는 마음이 끌리는 대로 손님 한 분, 한 분을 정성껏 대접했지만 지금 돌아보면 그런 행동이 단골을 확보하는 주요 전략이 되었던 것 같다. 당장은 손해 볼 짓 같아도 장기적으로는 이로운 일이 분명 있다. 눈앞의 작은 이해에 발발 떨지 말고 진심을 담아 아낌없이 응대하다 보면 분명 그 마음이 보답받을 날이 올 것이다.

마음의 빚이
최고의 마케팅 기술이다

누군가 내 최고의 마케팅 기술이 뭐냐고 묻는다면 '마음의 빚'이라고 대답하겠다. 물론 당시엔 앞뒤를 생각하거나 계산하지 못하고 한 일이다. 가령 이런 식이다. 어느 날 한 손님이 전화로 몇 시까지 문을 여느냐고 물어온다.

"몇 시까지 오실 수 있는데요?"

"9시는 넘을 것 같은데 그때는 너무 늦죠?"

"네, 실은 9시까지 영업인데 언니 오신다고 하면 기다릴게요. 자정까지는 괜찮으니까 천천히 오세요."

그러면 이 손님은 그냥 구경만 하지 못한다. 무조건 물건을 사고 왕단골이 된다.

한번은 이런 일도 있었다. 한 손님이 전화해서 내일 프레젠테이션에서 입을 흰 셔츠가 필요한데 야근이 있어 사러 올 시간이 없다고 했다. 나는 이튿날 아침 일찍 가게로 나가서 흰 셔츠를 깨끗하게 다림질한 뒤, 그 손님이 출근 전에 받을 수 있도록 퀵서비스를 불러 오피스텔로 보내드렸다. 이 손님도 이후 우리 가게 열성 팬이 되었음은 물론이다.

많진 않았지만 '진상 손님'도 있긴 있었다. 우리 가게에서 한달에 꼭꼭 200만 원 이상 옷을 사가는 손님이었다. 감사한 한편 은근히 갑질이 심해 곤란했다. 그래도 꾹 참고 응대했다. 아니, 응대만 했다면 내가 갑질을 당한 것이겠지만 내가 먼저 그 손님을 친언니처럼, 이모처럼 생각하고 살갑게 굴었다.

그렇게 '한 번 갑질에 다섯 번 정성'으로 대응했더니 끝내는 그 손님도 달라졌다. 더 이상 나를 옷가게 사장이 아니라 친동생이나 조카처럼 대했다. 그러다 보니 어느덧 속마음도 털어놓고 나누는 사이가 되었다.

한없이 잘해주기만 하다가 혹시라도 얕보이거나 호구 잡히면 어쩌나 걱정하지 말자. 사람 대부분은 자신에게 잘해주는 이를 이용하려 하기보다는 그 선의를 고마워하고 갚으려 하기 때문이다. 한결같이 베풀고 배려하는 마음이 최고의 마케팅이 될 수 있는 이유다.

진심으로 손님을 대하는 건 비굴한 게 아니다

피부 관리 숍에서 일한 첫 1년간은 큰언니에게 가게 운영에 대해 많은 걸 배웠다. 그때 언니가 했던 말을 아직도 선명하게 기억하고 있다. 여기 오는 고객들이 쓰는 돈은 그들이 어디에선가 피땀 흘려 번 것이라고, 그러니까 그 돈을 받는 우리는 고객에게 합당한 서비스를 제공할 의무가 있으며 그건 절대 비굴한 게 아니라는 말이었다.

업주가 고객의 갑질에 쓰러져 목숨을 잃은 사건도 발생하는 요즘이다. 그렇다 보니 언니의 이 말을 자칫 '돈 받았으면 시키는 대로 하는 게 당연하다' 식으로 곡해할까 걱정이다. 언니는 그런 뜻으로 한 말이 아니었다. 손님을 응대하는 나 자신을 비굴하다고 생각하지 말고 당당하게 내 할 일을 하자는 말이었다. 언니의 몇 줄 안 되는 이 말이 내게는 한 권의 책처럼 깊고 풍부하게 다가왔다.

방배동에서 옷가게를 열 때 내게 이렇게 물은 사람이 있었다. 방배동 58평 아파트에 살다가 갑자기 경제적으로 어려워져 같은 동네에서 옷가게를 차리면 창피하지 않으냐고 말이다. 그때 언니의 말을 떠올렸다. 예전에 남 부러울 것 없이 살았다고 지금 옷가게를 하면 안 되는 걸까? 그게 그렇게 창피하고 부끄러운 일일까? 자존심이라는 게 그렇게도 장사에 방해가 된다면 매일 장롱 안에 넣어두고 나오고 싶을 만큼 당시 나는 너무나 절실했다.

지금 그 4년간을 돌아보면 결코 비굴하다거나 자존심을 버리고 장사했다는 생각은 조금도 들지 않는다.

"뽀따야, 내 친구들 말이 백화점에서 산 것보다 네 가게에서 산 옷이 훨씬 예쁘대."

"오늘 뽀따 아니었으면 난감할 뻔했어. 코디 예쁘게 해줘서 정말 고마워."

손님들의 이런 말 한마디가 나의 자존감을 한껏 높여준다. 내가 수선해준 티셔츠를 입고 해외여행을 떠난 한 손님은 여행길에서 그 티셔츠를 입을 때마다 사진을 찍어 보내주었다. 또 어떤 손님은 여행하며 자기 가방을 사는 김에 똑같은 걸 하나 더

사와서 내게 선물하기도 했다. 떡을 찌면 맛보라고 가져오고 김밥 말면 요기하라고 가져오는 손님, 내 앞에서 한참 눈물의 하소연을 하다가 "그러니까 너는 나처럼 살지 마."라면서 다정하게 내 등을 쓸어주던 손님도 있었다. 그 모든 손님에게서 나는 애정과 우정, 애틋함 그리고 여자들끼리의 진하고 진한 연대를 느꼈다.

2020년 겨울에는 결코 잊지 못할, 나만을 위한 1인 음악회를 열어준 분도 있었다. 옷가게 시절 단골이었던, 한국예술종합학교 교수이자 플루티스트인 이예린 씨였다. 차를 몰고 골목을 지나가다가 반짝이는 가게 하나가 갑자기 눈에 들어와 후진해서 들어가보니 우리 옷가게였다고 했다. 일로 만나는 사람들에게는 털어놓을 수 없는 이야기를 누군가에게 허심탄회하게 털어놓고 싶을 때가 있는데, 그런 날 무작정 차를 몰고 내게 오면 늘 기분이 풀렸다고 했다.

"사장과 손님으로 만났지만 마음이 허전할 때마다 막역한 언니처럼 대해주셨어요. 공연복이 필요할 때 섬세하게 신경 써서 골라주신 것도 감사했고요."

이렇게 말하면서 엔니오 모리꼬네 메들리를 들려주었는데, 어찌나 감격스럽던지 눈물이 핑 돌았다.

진심이 닿으면 나만 손님을 섬기는 게 아니라 손님도 나를 섬기는 때가 온다. 마음의 에너지는 한 방향으로만 흐르지 않는다. 진심으로 고객을 응대하는 사람은 절대 비굴한 것이 아니며 오히려 진심으로 존중하는 마음과 사랑을 되돌려받는다는 걸 그 시절에 배웠다.

꼰대가 되지 않고 젊은이들과 일하는 법

뽀따 언니네 옷가게의 최연소 단골이자 최다 방문객은 근처 네일 숍 사장의 여섯 살배기 딸이었다. 아이는 유치원 하교 버스에서 내리면 아주 자연스럽게 엄마 가게가 아닌 우리 가게로 와서 한 시간씩 수다를 떨다 가곤 했다. 나보다 훨씬 어린 제 엄마 친구들은 '이모'라고 부르면서 내게는 유독 '언니'라고 불렀다. 그 이유를 물었더니 홍시 맛이 나서 홍시 맛이 난다고 한 것뿐이라는 어린 대장금처럼 "뽀따 언니는 언니니까 언니지."라고 천연덕스레 대답했다.

딸 친구들이 우리 집에 파자마 파티를 하러 올 때면 친구들이 아니라 나랑 자겠다는 아이가 있었다. 아이는 내 옆에 누워서 꽤 오랫동안 미주알고주알 자기 이야기를 늘어놓곤 했다. "아줌마, 제가 알바를 하는데 어떻게 하면 사장님한테 일 잘한다고 인정받을 수 있을까요?" "제가 이러저러한 남자애를 사귀고 있는데 아줌마 보기엔 걔가 어떤 것 같으세요?" 가볍게는 연애 얘기부터 무겁게는 진로나 어린 시절 트라우마에 이르기까지 소재도 다양했다.

어딜 가나 이와 비슷한 일이 있는 걸 보면 나이 어린 사람들이 편안하게 다가올 만한 어떤 요소가 내게 있는지 모르겠다. 상대가 아무리 어려도, 심지어 여섯 살배기라도 절대로 얕보거나 우습게 여기지 않고 존중하려는 내 마음이 그들 눈에도 보이는 건 아닐까 싶다.

그런 마음으로 나는 그들의 말을 아주 진지하게 들어준다. "네 나이 때는 다 그런 거야. 나도 그랬어." 식의 대응은 하지 않는다. 무슨 말에도 "그래, 잘했어.", "예쁘네.", "그만하면 훌륭하지." 하고 칭찬해준다. 듣기 좋은 빈말이 아니다. 먼저 다가와준 것이 고마워서, 어린 나이에 그렇게 치열하게 고민하며 열심히 사는 모습이 예쁘고 장해서 하는 칭찬이다.

이런 성향 때문인지 뽀따TV의 젊은 스태프들과도 큰 갈등 없이 잘 지내고 있다. 내가 자식뻘인 직원들과 일한다고 하면 지인들은 걱정부터 꺼낸다. 요즘 애들은 인내심도 없고 책임감도 없는데 속 터져서 어떻게 같이 일하느냐고, 요즘 애들과는 애당초 말이 안 통한다고 말이다.

하지만 내 눈에 비친 20대는 절대로 그런 모습이 아니다. 요즘 애들을 볼 때마다 절로 한숨이 나오고 가슴에서 천불이 인다는 4060을 위해 20대를 바라보는 새로운 시선을 제안하고 싶다. 다음 소개하는 다섯 가지 방법이 부디 젊은이들에게 다가가는 징검다리가 되길 바란다.

훈계와 참견은 접어두고
일단 믿어보자

첫째, 밝은 표정과 다정한 말투를 잊지 말자. 나이 들면 기본적으로 인상이 뿌루퉁해 보이기 쉽다. '내가 이 나이에 누구 눈치 보랴' 하는 마음에 자기 기분을 말투에 여과 없이 드러내기도 한다. 이렇게 못마땅한 표정에 퉁명스러운 말씨를 지닌 상사와 즐겁게 일할 젊은이는 없다. 업무상 부정적인 피드백을 해야 할 때도 있지만 그렇지 않을 때는 자신의 표정과 말투를 늘 점검하는 습관을 기르는 것이 좋다.

둘째, 권위를 버리자. 나는 나이 많답시고 먼저 인사받길 바라지 않는다. 사무실 문을 열자마자 내가 먼저 직원들에게 "이모 왔어!" 하고 인사한다. 자리를 비우고 있어 아침 인사를 못 나눈 직원이 있으면 기억해두었다가 나중에라도 찾아가 인사한다. 요즘 젊은 사람들은 인사성이 없다며 고개를 절레절레 흔들기 전에 혹시 내가 권위 의식을 버리지 못한 건 아닌지 되돌아봐야 한다.

셋째, 훈계하지 말자. 업무와 관련해 조언할 말이 있으면 그냥 짧게 끝내면 될 일이다. "○○○ 씨는 늘 그게 문제야."라며 이전 일까지 끌어와 평가하거나 "나 때는 말이야…." 하면서 조언을 가장한 자기 자랑과 훈계를 늘어놓지 말아야 한다.

넷째, 관심은 두되 참견하지 말자. "오늘 컨디션이 안 좋아 보이네. 괜찮아요?" "어려운 일 있으면 도울 테니까 언제라도 얘기해요." 이런 말들은 관심이다. "혹시 사귀는 사람 있어? 뭐 하는 사람이야? 대학은 어디 나왔대? 결혼은 언제 할 거야?" 이런 말은 참견이다. 관심은 상대가 받고 싶은 마음, 참견은 상대가 원하지 않는 마음이라는 사실을 명심하자.

다섯째, 동료로서 믿음을 가지고 지켜보자. '내가 지금껏 쌓은 경험이 얼마인데 척하면 척이지', '너 정도는 내 손바닥 안에 있어' 하며 상대를 깔보고 얕보는 마음이 있으면 상대방도 내가 예상한 테두리 안에서 결과를 낼 뿐이다.

내가 젊은 직원들과 일해보고 가장 놀란 점은 그들이 일을 정말로 잘하고 좋아한다는 것이다. 우리가 고정관념에 사로잡혀

한 발짝도 못 나가고 있을 때 젊은 직원들은 상황을 확 뒤집어 엎는 창의적인 정답을 척 내놓는다.

나라고 선입견이 전혀 없는 건 아니다. 때로는 '평소에 저렇게 행동이 굼뜬데 일은 날짜 안에 제대로 하려나', '하는 짓이 저렇게 아기 같아서 업체 미팅은 제대로 하려나' 같은 노파심이 들 때도 있다. 하지만 우려와 달리 젊은 직원들도 공사 구별할 줄 알고 평소 성격이 어떻든 '업무 자아'라는 게 따로 있다는 걸 매번 발견한다. '와, 저 친구는 정말 4차원 아니야?' 싶다가도 함께 일해보면 오히려 배울 점이 많다는 걸 깨닫는다.

우리는 '칭찬은 고래도 춤추게 한다'고 배웠다. 칭찬에 춤춘다는 건 그만큼 타인의 평가가 중요한 판단 기준이라는 것이다. 하지만 요즘 젊은이들은 다르다. 남이 칭찬한다고 춤추는 게 아니라 자신이 만족해야 춤춘다. 남이 아니라 자신이 기준이다. 자신이 만족하고 성취감을 느낄 수 있고 조직과 함께 자신도 성장할 수 있다는 확신이 들어야 비로소 움직이는 세대다.

이 얼마나 매력적인 세대인가. 그들의 성장이 너무나 기대된다. 그들과 함께 일할 수 있어 정말 행운이라고 생각한다. 젊은 그들에게 이렇게 매번 감탄하며 살다 보면 꼰대라는 호칭과도 멀어질 수 있지 않을까?

우리 나이에만
가능한
'마마 리더십'

"남자 부하직원이 남자 상사에게는 알랑방귀를 뀌면서 여자 상사인 내 말은 은근히 무시하는 것 같아 괘씸해요."

"카리스마 있게 부하직원을 대하고 싶은데 이상하게 말발이 잘 안 서요."

"알바생을 뽑긴 했는데 어떻게 다뤄야 할지 모르겠어요."

우리 나이에 이런 고민을 하는 사람이 많은 걸 보면 직장에서 상사 대하기만 어려운 게 아니라 직원 대하기도 쉽지 않은 모양이다. 특히 여성들은 주변에 본보기로 삼을 여성 리더가 흔하지 않아서 리더십을 발휘하는 데 더욱 어려움을 느끼는 게 아닐까 싶다.

사실 나는 기독교 소모임을 이끌거나 피부 관리 숍, 옷가게, 뽀따TV 등을 운영하며 리더십에 대해 특별히 고민해본 적은 없었다. 그러다 중년 여성의 리더십에 대해 질문하는 댓글을 마주하고서야 비로소 내가 어떤 리더십을 지향하는지 곰곰이 생각해보게 됐다.

옷가게를 할 때는 직원을 한 명 두었다. 계절이 바뀔 때처럼 새 옷이 잔뜩 들어오는 시기에는 새벽 한두 시까지 옷을 점검하고 다림질해야 했는데, 나는 그런 일에 직원을 동원한 적이 없었다. 직원의 퇴근 시간은 언제나 오후 6시였다. 퇴근 시간 보장은 내게는 너무 당연하고 상식적인 일이었다.

시스템을 갖추지 않은 작은 가게에서는 "오늘은 바쁜 날이니까 좀 도와주고 가라. 야근수당 줄게."라며 얼렁뚱땅 일을 떠맡기기 쉽다. 하지만 나는 친구에게 부탁할지언정 직원에게 시키지 않았다. 직원이 정시에 퇴근해 집에서 푹 쉬고, 이튿날 최상의 컨디션으로 출근해 손님을 친절하게 응대하는 것이 더 이득이라고 판단했기 때문이다.

또 하나, 나는 직원을 채용할 때 지원자의 성장을 늘 염두에 두었다. 작은 옷가게에서 직원 하나 뽑으면서 거창하게 무슨 성장을 따지냐고 하겠지만 내 생각은 달랐다. 애초에 심심풀이나 용돈벌이로 지원했다는 사람이 아닌 향후 자기 비전과 계획이 있다는 직원을 뽑았다. 그래야 우리 가게 일을 하면서도 자신의 미래와 연결해 더 열심히 배우고 익힐 것이고, 나 역시 좋은 본보기가 되어야 한다는 생각에 바짝 긴장할 것 같았다.

내 전략이 적중했던지 우리 가게 단골들은 그 직원을 '뽀따 미니미'라고 불렀다. 뽀따 사장에게 잘 배워서 싹싹하고 친절하다고 붙인 별명이다. 그 직원이 나이 지긋한 손님에게 "어머니, 날도 덥고 쇼핑백도 무거운데 제가 댁까지 들어드릴게요." 하면서 쇼핑백을 들고 앞장서는 모습을 볼 때면 내 마음도 뿌듯해지곤 했다.

옷가게를 그만둘 때도 그 직원이 가장 마음에 걸렸다. 다행히 그 친구를 눈여겨본 우리 가게 단골손님이 자기 회사로 스카우트했다. 가끔 전화해서 물어보면 그 친구 칭찬이 한 바가지 쏟아진다. "말도 마. '뽀따 미니미'였으니 오죽 잘할까. 모든 사람이 너무 예뻐해."

직원과 함께 성장하는
리더가 되어라

지금 함께 일하는 직원들에게도 나는 같은 마음이다. 그들은 내가 힘들고 부족할 때부터 도와준 고마운 사람들이니 반드시 잘되도록 돕겠다는 다짐을 매일 한다. 뽀따TV를 더 잘 꾸려 성장시키려는 이유다. 뽀따TV에서 일했다는 사실이 그들에게 최고의 공부이자 경력이자 자랑거리가 되었으면 좋겠다. 만일 유튜브 크리에이터가 되길 원하는 직원이 있으면 내가 그 본보기가 되고도 싶다.

직원들을 나의 성취와 성공에 필요한 도구로 보면 어떻게 해야 내 말을 잘 듣게 할까에만 집중하게 된다. 왜 내 말발이 안 설까, 내가 그렇게도 카리스마가 없을까 같은 고민만 하기 쉽다. 그러나 직원들을 성장시켜 조직을 성장시키려는 리더에게 직원이 말을 잘 듣고 안 듣고는 큰 문제가 아니다. 직원들 각자에게 어떻게 동기부여를 할 것인가가 훨씬 더 중요한 과제다.

따라서 직원이 내 말을 무시하는 것 같다거나 리더로서 카리스마가 없는 것 같아 고민이라면 나 자신에게 근본적인 질문을 던져볼 필요가 있다. 나는 리더로서 어떤 목표를 갖고 있는가? 나는 혼자서만 성공하려는 리더인가, 직원과 함께 성장하려는 리더인가?

직원과 더불어 성공하려는 리더라면 일단 명확한 비전을 세우고 이를 직원들과 공유해야 한다. 그 비전이 직원들에게 적절한 동기부여가 되고 있는지 점검하고 살필 줄도 알아야 한다. 그리고 무엇보다 직원과 함께 공부해야 한다. 실력도 비전도 없는 리더와 일하고 싶어 하는 직원은 없다.

나도 똑똑하고 창의적인 직원을 볼 때마다 더 열심히 공부하고 싶다는 의욕을 느낀다. 그래야 리더로서 면이 선다는 생각도 있지만 그보다는 그 직원에게 힘이 되는 리더이고 싶다는 마음이 더 크다. 내가 더 실력을 갖춘 리더여야만 직원의 성장에 도움을 줄 수 있다고 생각한다.

이렇게 직원과 더불어 성장하려는 리더십을 '마마 리더십'이라고 부르고 싶다. 당연히 '파파 리더십'이라고 불러도 좋다. 자식을 키우고 성장시키는 마음과 비슷하다는 의미로 붙인 이름이기 때문이다. 그래서 마마 리더십은 더욱 중년 여성에게 필요한 덕목인 것 같다. 어머니의 마음으로 직원을 살피고 섬기는 리더십, 그 마음만 잊지 않는다면 카리스마든 말발이든 그리 중요한 문제가 아니리라.

뽀따TV는 아직 가야 할 길이 먼 작은 회사지만 내 목표는 비교적 뚜렷하다. 우리 회사 모든 직원이 자기 어머니에게 이렇게 말할 수 있었으면 좋겠다. "엄마, 나는 우리 회사가 너무 좋아. 회사 다니는 게 행복해." 직원의 든든한 울타리가 되고 탄탄한 디딤돌이 되는 회사가 되기까지 나도 마마 리더십, 섬기는 리더십으로 열심히 달리려 한다.

제5장

여자에겐
여자가 재산이다

사랑하는
나의 엄마,
홍순희 여사에게

사랑하는 막내딸, 뽀따에게

보고 싶구나, 우리 막내딸. 기쁠 때나 슬플 때, 갑자기 설움이 북받쳐 올라올 때도 내 깊은 마음을 모두 쏟아놓을 수 있는 우리 막내딸…. 엄마의 인생에 위로와 사랑이 돼준 뽀따를 주신 하나님께 감사기도를 드렸단다. 너를 통해 하나님께서 영광받으시고 계획하신 대로 인도하시며 반드시 축복하시리라 엄마는 굳게, 굳게 믿고 기도한다.

뽀따를 생각하며 정성껏 옷을 만들었는데 잘 맞았으면 좋겠다.

갑자기 할머니 솜씨로 우리 똑똑한 지원이도 정장 한 벌 해 입혔으면 하는 생각이 간절해지는구나.

보연아, 살면서 아무리 힘들고 어려운 일이 생겨도 절대로 좌절하거나 실망해선 안 된다. 왜냐고? 네겐 보석 같은 지원이가 있기 때문이야. 그리고 날마다 시간을 내서 너의 앞날과 지원이의 일상과 인생길 위에 하나님께서 함께하시기를 기도하렴. (중략) 엄마의 5남매 중 제일 아픈 손가락, 제일 큰 사랑, 엄마의 가슴속에서 늘 숨 쉬는 뽀따야, 지원이와 너를 위해 쉬지 않고 기도하마.

오늘 옷이 완성돼서 부치려고 택배를 알아보니, 토요일은 12시까지 받는다고 해서 월요일에 부치기로 했다. 받으면 우리 뽀따 예쁘게 입고 사진 찍어 보내렴. (중략) 만약 옷 끈이 너무 길면 뒤를 손바느질로 꿰매놓았으니 가위로 실을 뜯어내고 끈 길이를 조절해서 다시 꿰매 입으렴. 마음에 들었으면 좋겠구나. 옛날 같으면 재단해서 하루 만에 만들었을 것을, 엄마가 몸이 아프니 한 달 동안 만든 것 같구나. 잘 입어라.

사랑하는 우리 뽀따, 안녕! 잘 지내거라. 건강 조심, 마스크 필수!!! ♡♡♡

새해 복 많이 받기를 기원하면서 엄마가

2021. 1. 2. 오후 2시 30분

사랑하는 엄마에게
뽀따가 드리는 편지

사랑하고 또 사랑하는 엄마,

요즘 통증이 심해 30분도 채 앉지 못하시면서 또 옷을 지어 보내셨네요. 원피스에 재킷, 바지까지! 고마워요, 엄마. 잘 입을 게요. 음대 다닐 때도 내 연주회 드레스는 전부 엄마가 직접 만들어주셨잖아요. 100퍼센트 실크로, 엄청 멋지게요. 친구들이 얼마나 부러워했나 몰라요.

엄마는 무슨 에너지로 그렇게 많은 일을 해내셨어요? 어렸을 적 집에 들어가면 늘 들통 가득 뭔가가 끓고 있었던 게 기억나요. 어떤 날엔 카레가 한가득, 또 어떤 날엔 미역국이 한가득 맛있는 냄새를 풍기며 끓고 있었어요. 옷 지어 팔고 손님들 일일이 상대하는 것만도 보통 일이 아니었을 텐데 대식구 살림하랴, 끼니마다 5남매 뜨신 밥 지어 먹이랴, 얼마나 고생이 많으셨을까요.

그런데도 저는 엄마의 지치고 우울한 모습을 단 한 번도 본 적이 없어요. 엄마는 표정은 조금 무뚝뚝해도 늘 활기차고 열정적인 사람이었어요. 지금도 엄마의 의상실 풍경이 눈에 선해요. 엄마가 일하고 있노라면 동네 친구분들이 하나둘 찾아와 같이 노래 부르고, 매니큐어도 나눠 바르고, 떡도 구워 먹고, 밥도 해

먹고···. 엄마 주변은 늘 사람들로 북적북적했어요. 아무래도 우리 자매의 에너지는 엄마한테 물려받았나 봐요.

엄마, 제가 엄마의 모성을 가장 강하게 느낀 때가 언제인지 아세요? 서울에서 제가 몇 년간 동생 우재를 돌보던 때가 있었 잖아요. 딸만 내리 넷을 낳고 겨우겨우 얻은 금쪽같은 아들인데 그런 우재가 아프니 엄마 마음이 어땠을지···.

매일같이 우재를 위해 새벽 예배를 드리던 그 시절, 엄마는 얼음장처럼 차디찬 기도실 시멘트 바닥에 늘 무릎을 꿇고 머리를 조아리셨어요. 제가 엄마에게 의자에 앉으시라고 할 때마다 엄만 그러셨어요. 자식 잘못되면 어미는 죄인이 된다고, 모든 것이 내 탓 같아서 감히 의자에 앉을 수가 없다고···. 그래서 엄마가 새벽 기도 가실 때마다 늘 따라나섰어요. 엄마가 얼마나 간절히, 얼마나 힘들게 기도하셨는지 곁에서 보고 느꼈기 때문에 제 미약한 기도나마 보태고 싶었어요.

그때도 엄마는 일주일에 한 벌씩 제 옷을 지으셨죠. 드르륵드르륵 재봉틀 소리라도 들어야 시름을 잊으셨던 건가요. 그렇게 한참 재봉틀 앞에 앉아 옷을 지으시던 엄마가 깜빡 주무시면 전 엄마의 발뒤꿈치 각질을 조심스럽게 벗기고 벗겨 만질만질하게 만들어놓곤 했어요. 엄마 곁에서 같이 기도하고, 엄마 발을 오래오래 만져주는 일 말고는 그때 제가 엄마를 위해 할 수 있는 게 없었어요.

세상에서 가장 강하고
아름다운 이름, 엄마

언니 셋에 남동생 하나가 있다고 하면 사람들이 그래요. 남동생한테 밀려 서러운 일 많았겠다고요. 하지만 엄마, 전 아니에요. 물론 사춘기 땐 엄마가 우재만 신경 쓰는 것 같아서 샘을 내기도 했지만, 이제껏 살면서 엄마가 저를 딸이라서 덜 사랑한다고 느낀 적은 단 한 번도 없어요. 오히려 넘치는 사랑을 주셨다는 걸 아주 잘 알아요.

엄마, 어릴 때 제가 꽤 오래 야뇨증을 앓았잖아요. 투견에 물려 기절했다가 하루 만에 깨어난 뒤로 그랬다지요. 제가 밤에 자다가 "엄마!"라고 부르면 엄마는 얼른 일어나 젖은 내복을 벗기고 보송보송한 새 내복으로 갈아입히셨어요. 서랍에 제 내복만 수십 벌이 있었던 걸로 기억해요. 갈아입은 내복이 차가워 몸을 덜덜 떨며 의기소침해진 저를 엄마는 얼른 이불 속에서 꼭 안아주셨지요. 엄마는 단 한 번도 저를 야단치거나 비난하지 않으셨어요. 짜증을 내거나 화를 내지도 않으셨어요.

엄마, 그거 아세요? 엄마 품에 안겨 잠들던 그 숱한 밤의 온기와 안도감이 이제껏 저를 살게 한 버팀목이라는 걸요. 제가 어떤 사람이 되든, 무슨 짓을 하든 엄마만은 저를 끝까지 믿어주고 지켜주고 사랑하리라는 믿음, 그 흔들리지 않는 신뢰로 지금까지 버틸 수 있었어요.

MBC 〈생방송 오늘 아침〉에 출연한 날, 엄마가 방송을 열 번이나 돌려보고는 "우리 뽀따, 하나도 안 떨고 어쩜 그리 잘했니?" 하시기에 제가 그랬지요. "홍순희 여사 딸이라 그렇지!" 빈말이 아니었어요. 엄마 딸은 세상에 못 할 일이 없어요. 지원 아빠 사업이 어려워지면서 안온했던 삶이 송두리째 흔들렸을 때도, 방배동에서 옷가게 하던 시절 비를 쫄딱 맞아가며 무거운 옷을 나를 때도, 천 번의 한숨으로도 돌덩이 같은 마음이 가벼워지지 않을 때도 홍순희 여사 딸이니까, 엄마 딸이니까 견뎌낼 수 있었어요.

엄마는 말이 아닌, 이제껏 살아온 하루하루로 저를 가르치셨어요. 뽀따야, 잘살려고만 하면 안 돼. 바르게 살아야지. 사업할 때 가장 중요한 건 신용이야. 손님과의 약속은 무슨 일이 있어도 지켜야 한단다. 허송세월하지 마라. 시간 귀한 걸 알아야 해…. 엄마가 부모로서, 직업인으로서, 한 인간으로서 보여주신 그 모든 태도가 제게 귀하고 귀한 가르침이 됐어요.

그리고 무엇보다 자식에 대한 사랑, 그 넘치는 사랑을 가르치셨지요. 호랑이가 나타나도 엄마랑 있으면 안 무섭단다. 네가 부당하거나 어려운 일을 당하면 엄마는 절대로 가만있지 않을 거야. 엄마 생명과 맞바꿔서라도 널 지켜줄 거야…. 엄마가 제게 그러셨듯, 저도 지원이의 든든한 울타리가 되어야 한다는 걸 잘 알아요. 그래서 저도 엄마처럼 강해질 수 있었어요. 아무리 거센 파도에도 쓰러지지 않고 여기까지 왔어요.

사랑하는 엄마, 제가 제일 두려운 건 엄마가 숨을 거두는 마지막 순간에 저를 생각하며 슬퍼하시면 어쩌나 하는 거예요. 제가 더 잘됐어야 했는데, 엄마의 가장 아픈 손가락이 된 것 같아 죄송해요. 하지만 엄마가 알아주셨으면 좋겠어요. 저는 지금 하루하루가 만족스러워요. 좋아하는 일을 하고 끊임없이 도전하면서 그 어느 때보다 제가 살아 있음을 느껴요.

아파서 뽀따가 이사를 해도 도와줄 수도 없고, 힘든 일을 겪어도 가볼 수 없어 속상하다고 눈물짓는 나의 사랑, 나의 엄마…. 엄마는 최고의 엄마예요. 엄마에게 받은 사랑, 어떻게 되돌려드릴지 알지 못해서 뽀따는 그저 하루하루를 성실하고 바르게 살아가려 해요. 어떤 힘든 일이 닥쳐도 저를 미워하거나 포기하지 않고 씩씩하게 살아가려고 해요. 엄마 딸이니까, 홍순희 여사 딸이니까, 엄마가 자기 생명처럼 지켜준 딸이니까.

오늘도 엄마가 평생에 걸쳐 온몸으로 내주신 그 성실한 길, 바른길을 따라 한 걸음, 한 걸음 내딛습니다.

나의 힘, 나의 용기, 나의 사랑, 엄마. 감사합니다.

뽀따가 많이, 많이 사랑해요!

엄마의 막내딸, 뽀따 올림

울 때도 웃을 때도
늘 함께인
나의 언니들

내겐 세 언니가 있다. 첫째 미원 언니, 둘째 미경 언니, 셋째 은희 언니다. 나와는 각각 다섯 살, 세 살, 한 살 터울이다. 우리 자매가 출연한 유튜브 채널 '네 자매 의상실'에는 넷이 함께 모인 모습이 부럽고 보기 좋다는 댓글이 참 많이 달린다. 자매들이 각기 개성이 강해 재미있다는 의견도 많다.

그리고 보면 같은 배에서 나왔는데 어쩌면 그리 제각각인지 모르겠다. 큰언니는 나이 차이가 있어선지 어릴 때부터 언니보다는 엄마 같았다. 언니들은 대개 동생 데리고 다니길 싫어하는

데, 큰언니는 친구 집에 갈 때 종종 나를 데리고 다녔다. 큰언니랑 언니 친구 집에 놀러 가서 양푼에 밥 한가득 퍼서는 무생채, 고추장 듬뿍 넣고 쓱쓱 비벼 먹었던 기억이 아직도 생생하다. 참 이상하게도 어릴 때 기억은 평범한 것일수록 더 강하게 향기를 내뿜는 것 같다.

둘째 언니는 어릴 때부터 엄청난 개구쟁이였다. 한번은 언니가 밭에서 무를 뽑아 이로 껍질을 까서는 내게 먹였다. 그런데 내가 그걸 먹고 볼거리를 앓는 바람에 엄마가 언니를 엄청나게 혼냈다. 또 언니가 내게 신발 끈을 자르면 새 신발을 살 수 있다고 부추겨서 그렇게 했다가 둘 다 야단을 맞기도 했다. 둘째 언니랑 엮이면 울고 다치고 혼나기 일쑤였지만 나는 둘째 언니랑 노는 게 너무 신나고 재미있었다. 언니에게는 내 안의 모험심을 자극하는 묘한 매력과 에너지가 있었다.

셋째 언니는 나와 연년생이라 때로는 친구, 때로는 언니 같은 느낌이었다. 장난감 하나를 두고 서로 머리끄덩이를 잡을 때는 친구 같다가도, 날 괴롭힌 동네 애들을 혼쭐낼 때는 영락없는 언니였다. 초등학교 고학년 때는 언니랑 가끔 증평에서 청주까지 버스를 타고 나가서 마론인형 옷도 사고 간식도 먹고 돌아왔는데, 그런 날들을 지금 언니와 추억할 수 있어 참 즐겁다.

각기 다른 개성의 언니 셋을 둔 나는 참 행복한 사람이다. 몸이 약했던 내가 숙제를 채 마치지 못하고 잠이 들면 언니들이

나 몰래 숙제를 완성해놓곤 했다. 지금도 내가 울면 눈물을 닦아주고 웃으면 함께 웃어주는 든든한 인생 동반자들이다. 언니들과 함께 걸을 수 있어 중년의 내 인생은 절대로 외롭지 않다.

자매는 서로 길을 내주고
서로를 키운다

생각해보면 내가 뷰티 크리에이터 뽀따로 살게 된 데는 언니들의 영향이 컸다. 대학생이 되어 서울로 올라왔을 무렵 큰언니가 미용을 배우기 시작했다. 때로는 언니의 메이크업 모델이 되고, 때로는 조수 역할도 하면서 나도 메이크업을 배웠다. 그러면서 메이크업이 여성 누구나 매일 일상적으로 한다는 이유로 그 가치가 폄하되었지만 실은 매우 전문적인 분야라는 걸 깨달았다.

큰언니와 피부 관리 숍을 운영하면서는 피부 관리 기술부터 고객을 대하는 마음가짐에 이르기까지 곁에서 생생하게 보고 배웠다. 당시 언니는 "우리 뽀따는 하나를 가르쳐주면 열을 알아."라고 늘 칭찬해주었다. 바람이 돛단배를 밀듯이 언니의 격려는 내가 앞으로 나아갈 수 있도록 도와주었다. 언니는 단 한 번도 내게 준비되었냐고 묻지 않았다. 무조건 "이제 해봐."였다. 그렇게 덜컥 실전을 마주하면 믿음을 배신하기 싫어서 없는 힘까지 쥐어짜내며 열심히 했다. 그렇게 해내고서 돌아보면 언니는 늘 나를 향해 웃고 있었다. "거봐, 우리 뽀따는 하나를 배우면 열을 안다고 했지?"

큰언니가 토닥토닥 등을 두드리며 살살 달래 앞으로 나아가게 밀어주는 스타일이라면, 둘째 언니는 "그까짓 거, 별거 아니야. 털고 일어나. 할 수 있어."라고 말하며 앞에서 끌어주는 스타일이다. 말로만 그런 게 아니라 자신이 먼저 털고 일어나는 모습을 보여준다. 그러면서 뒤따라오는 사람에게 "거봐, 일어설 수 있잖아. 내가 했으니까 너도 할 수 있어!"라고 외치는 사람이 둘째 언니다.

둘째 언니의 권유로 유튜브를 시작한 이후 지금껏 아이템 고갈이나 번아웃을 경험한 적이 없다. 언니가 저 앞에서 매일 쉼 없이 달리고 있는데 뒤늦게 출발한 내가 징징거릴 순 없다. 언니도 내가 묵묵히 언니 뒤를 따라 잘 달리고 있다는 걸 안다. 바빠서 자주 보진 못하지만 서로의 콘텐츠를 통해 안부를 확인하고 응원을 주고받는다.

셋째 언니는 옷가게 초창기에 너무나 큰 힘이 되었다. 틈날 때마다 가게에 와서 청소도 해주고 새로 들어온 옷을 다려주고 꿰매주었다. 막 장사를 시작해 막막하고 외로웠던 나는 셋째 언니가 온다는 날은 설레고 들떴다.

하루는 언니가 손님 응대하는 내 모습을 보고 깜짝 놀랐다고 말해주었다. 옷 하나 더 팔려고 손님 꼬드기는 게 아니라 정말 마음에서 우러나는 태도로 사람을 섬기고 있더라고 했다. 막내가 옷가게를 한다고 해서 은근히 걱정했는데 내가 즐겁게 일하고 단골들도 나를 믿어주는 걸 보니 안심이 된다고도 했다. 언니 말에 나도 덩달아 안심했다. 내가 잘하고 있구나, 이대로만 하면 되겠구나 하는 확신이 들었다.

세 언니는 각자만의 개성과 색깔로 내게 길을 보여주고 나를 성장시켰다. 내 인생의 모든 아름다운 무늬가 세 언니의 자장磁場 안에서 만들어졌음을 이제는 안다.

서로 살아내기 바빠서 지금은 넷이서 한자리에 모이기도 힘들어졌다. 우리 자매는 그 흔한 단톡방도 하나 없다. 대화를 할 때도 나만 애교쟁이지, 언니들은 애정을 표현하는 데는 영 젬병이다. 가끔은 크고 작은 갈등을 겪을 때도 있다. 다행히 자매가 넷이나 되니 갈등이 생겨도 누구 하나는 늘 조정자 역할을 한다. 기본적으로 서로에 대한 믿음과 애정이 있기에 때로는 그저 기도하며 기다린다.

자매는 같은 부모 아래서 유년의 경험을 공유한다. 같은 여성으로서 월경·임신·출산·완경의 경험을 공유하고, 같은 사회에서 딸·며느리·엄마·아내·일하는 여성으로서의 경험도 공유한다. 그래서 세상 모든 자매는 서로가 애틋하다. 함께 아프고 함께 서럽고 함께 슬프다.

어린 시절 내 숙제를 대신해주던 언니들은 이제 각자가 받은 삶의 숙제로 바쁘다. 하지만 나는 안다. 언젠가 막내가 일생일대의 큰 숙제를 받게 되면 언니들이 함께 고민해주고 기도해줄 거라는 걸, 함께 울어주고 웃어줄 거라는 걸. 그런 믿음이 있기에 막내는 오늘도 가고자 하는 길을 향해 두려움 없이 한 걸음씩 내디딜 수 있다.

세상 모든 엄마는
딸의 팬클럽
회장이다

딸아이가 대학 졸업 후 우리 회사에 들어와 나와 함께 일하고 있다. 사람들이 딸과 종일 붙어 일하는 기분이 어떠냐고 묻는다. 자기들 같았으면 속 터져서 일분일초도 같이 일하지 못할 거라면서. 솔직히 말하면 나는 너무 좋다. 이게 웬 복인가 싶다.

특히 업체 미팅에 딸과 함께 나가면 그렇게 든든할 수가 없다. 딸이 야무진 줄은 알고 있었지만 이렇게까지 똑 부러지는 면이 있었는지 새삼 놀라곤 한다. 한번은 녹화를 마치자마자 딸이 "와, 우리 뽀따 쌤, 진짜 잘하신다. 우리 엄마 너무 멋져." 하면서 손뼉을 쳤다. 어찌나 기분이 좋던지! 힘들다는 생각이 들다가도 딸의 응원에 정신이 번쩍 든다.

함께 일해서 나만 좋은가 싶어 딸에게 은근슬쩍 물어봤다. 그랬더니 엄마 김보연과는 다른, 일하는 여성 뽀따를 가까이서 볼 수 있어 자기도 신기하고 좋단다. 엄마에 대한 애정에 동료애까지 더해져 더욱 애틋한 느낌이 든다고 한다.

아들딸이 가업을 잇는 경우도 종종 있지만 부모 대부분은 자녀가 사회에서 어떻게 일하는지 볼 기회가 없다. 성인이 되어서도 가끔 서너 살처럼 구는 자녀를 보며 안에서 새는 바가지가 밖에선 안 샐지 미덥지 않기도 할 것이다. 하지만 우리 딸을 포함해 내가 일하며 만난 젊은이들은 모두 책임감 있고 성실하게 일하면서 자기 몫의 삶을 잘 꾸려가고 있다. 그러니 밖에서도 철부지처럼 굴면 어쩌나 하는 기우는 접고 자녀를 믿고 지켜보도록 하자.

나이 들어 생기는 노안은 서글프고 불편하다. 하지만 나이 들어서는 너무 가까이 보지 말고 멀리 보라는 의미로 노안이 오는 게 아닐까. 내 배 아파 낳은 자식이라도 너무 가까이서 들여다보면 참모습이 잘 안 보이는 법이다. 가까이서 볼 땐 덩치만 어른이지, 아직 어린애인 것만 같아 한숨이 절로 나온다. 하지만 조금만 떨어져서 보면 제 앞에 펼쳐진 길을 어른스럽게 걸어가는 자녀의 모습이 보일 것이다.

자녀의 '친구'가 아닌
'치어리더'가 되기

사춘기 때는 엄마 손이 닿는 것도 싫어하던 딸은 이제 절친에 게도 하기 어려운 이야기를 미주알고주알 털어놓는다. 그러면 서 30대 초반 언니들이랑 대화해도 가끔은 벽이 느껴지는데 엄마는 어떤 이야기든 다 받아들이고 이해해줘서 좋다고 한다.

딸에게 이런 얘기를 들을 때마다 30대 언니보다 더 말이 잘 통하는 50대 엄마라는 것에 뿌듯함이 느껴지기도 한다. 또 아직은 내가 여러모로 딸의 든든한 기지가 되어줄 수 있다는 사실에 기쁜 마음이다. 세상 모두가 외면한대도 엄마만은 자신의 말을 들어주고 이해해줄 거라는 믿음을 딸이 영원히 잃지 않기를 바란다.

한번은 딸이 내게 전화를 걸어 기운 없는 듯 슬픈 목소리로 이렇게 말했다.

"엄마, '아가~'라고 한 번만 불러주세요."

내가 딸아이를 토닥일 때 하던 '아가~'라는 소리가 듣고 싶었던 모양이다. 무슨 일이 있었냐고 물어도 대답은 안 하고 그냥 그렇게 불러달라고만 했다. 나는 더 묻지 않고 딸이 해달라는 대로 해주었다. 그랬더니 딸이 "됐어요, 엄마. 이제 힘 났어요." 하고 전화를 끊었다.

다 자랐어도 엄마의 '아가~'라는 소리가 위안이 되는구나. 예전에 엄마가 '뽀따야~'라고 불러주면 서럽던 마음이 몽글몽글 풀렸던 것처럼 우리 딸도 내가 '아가~'라고 불러주면 힘이 나는구나. 엄마는 앞으로도 왜냐고 묻지 않을게. 꼬치꼬치 캐묻고 네가 원하지도 않는 관심과 걱정, 잔소리를 퍼붓는 대신 그냥 '아가~'라고 불러줄게. 네가 내 딸로 태어나 자라는 모든 순간이 내게 용기와 힘을 주었듯 나도 네게 있는 힘껏 그런 존재가 되어볼게.

나는 흔히 말하는 친구 같은 모녀 사이는 되고 싶지 않다. 딸이 엄마를 친구처럼 허물없이 대하며 자기 속마음을 터놓는 건 괜찮다. 하지만 엄마는 그러면 안 된다고 생각한다. "너는 여자니까 엄마 마음 알겠지." "내가 여자로서 얼마나 불행했는지 딸인 너는 알아줄 거야." 엄마가 이렇게 딸의 이해를 구하는 순간 엄마와 딸의 관계는 망가진다.

자기 인생을 한탄하고 하소연하려면, 남편과 시댁에 대한 불만과 분노를 폭발시키려면 딸을 붙잡을 게 아니라 친구를 만나야 한다. 딸을 엄마의 감정 쓰레기통으로 삼지 말아야 한다.

나는 내 딸이 엄마에 대한 연민과 애정에 묶여 허덕이다가 끝내 지치는 모습을 보고 싶지 않다. 딸이 성년, 아니 중장년이 되어도 나는 여전히 딸의 안전한 기지로서 든든하고 품위 있게 버티고 싶다. 딸이 흔들릴 때마다 단단하면서도 다정한 목소리로

'아가야~'라고 불러줄 수 있는 엄마가 되고 싶다.

모든 엄마가 그렇듯 나도 아이가 세상에 나와 첫울음을 터뜨리던 그 순간부터 아이와 사랑에 빠졌다. 아니, 사실은 아이가 내 뱃속에 존재한다는 사실을 알게 된 순간부터, 아이가 어떤 모습으로 내게 올지도 모르면서 이미 아이를 사랑했다. 내가 유난히 기운 없던 날 내게 달려와 가슴팍에 반창고 하나를 붙여주고 엉덩이춤을 춰주던 다섯 살배기를 사랑했고, 누구보다 자신이 힘들었을 사춘기를 천천히 통과해가던 열여섯 살 소녀를 사랑했다.

그리고 아이가 성인이 된 지금, 나는 딸의 가장 열렬한 팬이 되려 한다. 딸이 어떤 선택을 내리고 무슨 일을 하고 어떤 사람이 되든 조건 없이 지지하고 응원하려 한다. 딸이 자라면서 그 존재만으로 내게 응원이 되고 지지가 돼주었으니 이제는 내가 성인이 된 딸에게 그렇게 해주려 한다.

우리 딸은 어릴 때부터 완벽주의 성향이 있어서 물컵을 들고 오다 쏟거나 하면 무척 속상해했다. 그럴 때면 나는 이렇게 말해주었다. "괜찮아. 타임머신을 탔다고 생각해. 깨끗하게 닦고 되돌아가서 다시 들고 오면 되는 거야." 울음이 터지기 일보 직전이던 아이는 내가 그렇게 말해주면 고개를 끄덕이고는 다시 물을 떠 왔다. "거봐, 두 번째는 잘했잖아. 엄마 말이 맞지?"

이제 성인이 된 딸에게 같은 말을 들려주고 싶다. 실수해도 괜찮아. 타임머신을 탔다고 생각해. 다시 시작하면 되는 거야. 네겐 기회가 많아. 처음보다 두 번째에 더 잘할 거고, 세 번째에 는 더욱더 잘할 거야. 그러니까 실수를 두려워 말고 마음 가는 대로 부딪혀봐. 엄마가 응원할게. 엄마는 영원한 너의 팬클럽 회장이자 치어리더니까.

중년에는
친구가 많아야
부자

언젠가 이런 댓글을 읽은 적이 있다.

'제가 죽으면 장례식장에 아무도 안 올 것 같아 너무 두려워요. 친구를 어떻게 사귀어야 할까요?'

가슴이 먹먹해지는 질문이었다. 내 장례식에는 누가 올까 새삼 상상해보니 곧바로 세 친구의 얼굴이 떠올랐다. 20대부터 30년 가까이 인연을 이어온 친구들이다. 내가 바닥까지 추락했을 때 빚까지 얻어 내게 종잣돈을 쥐여주고, 무너진 나를 일으켜 세워 다시 걷게 해준 친구들이다.

세상에 나 홀로 뚝 떨어진 것처럼 막막할 때, 내 마음 누가 알아줄까 외로울 때, 세상 모든 짐을 어깨에 진 듯 고단할 때 우리는 서로의 곁을 단단하게 지켜주었다. 한 치 앞도 보이지 않는 안개 속에 있어도 손을 뻗으면 친구들의 따뜻한 손이 만져질 거라는 걸 안다. 영혼의 동반자, 그녀들이 있어 지치지 않고 여기까지 올 수 있었다.

애 키우랴, 살림하랴, 일하랴, 정신없이 살다 문득 주변을 돌아보니 내 장례식에 올 친구 하나 떠오르질 않아 허망하고 외로워졌다면 이제라도 늦지 않았다. 취미 활동, 봉사 활동을 통해 새 친구를 만들어보고, 소식이 뜸해진 친구들에게 다시 연락도 해보자. 그렇게 관계가 시작되면 이번에는 최선을 다해보자.

친구는 어떻게 사귀어야 하느냐는 질문에 나는 그 친구들과 30년간 어떻게 우정을 지켜왔는지 떠올렸다. 우리라고 늘 잘해왔던 건 아니지만 우정을 유지하고 돈독하게 하는 데 작은 힌트라도 되었으면 하는 마음으로 이야기를 들려드릴까 한다.

친구에게 내주는 시간을 아까워하지 말자

"지금 바빠? 나 상담할 게 있는데⋯."

친구 중 누구라도 이런 전화를 걸어오면 아무리 바빠도 무조건 일을 멈추고 귀를 기울인다. 내가 바쁜 줄 알면서도 전화를 걸어올 정도면 비상사태라는 걸 알기 때문이다. 내가 전화했을 때 친구들의 반응도 다르지 않다. 우리는 기꺼이 시간을 내어 서로의 말을 집중해 들어준다.

내 친구 은서는 내가 옷가게를 하던 시절 일주일에 다섯 번이나 나를 보러 왔다. 가정도 있고 심지어 직장을 다니고 있었는데도 그랬다. 일을 마치면 곧장 옷가게로 퇴근해 내 일을 돕다가 밤 9시에 집으로 돌아갔다. 계절이 바뀔 때면 가게 안 모든 옷을 싹 물갈이해야 했는데, 그 많은 옷을 일일이 점검하고 다리는 중노동을 새벽 두 시까지 함께 해주기도 했다. 그렇게 막막하고 외로운 순간마다 은서가 같이 있어줘서 얼마나 힘이 되었는지 모른다.

누군가에게 마음을 준다는 건 내 시간을 내준다는 뜻이다. 나는 내 인생의 몇 년은 친구들 몫으로 떼어놓는다고 생각하고 있다. 그 시간이 조금도 아깝지 않다.

비교와 시기는
마음에 지옥을 만든다

친구와 함께 울어줄 순 있어도 진심으로 축하해주긴 어렵다는 말이 있다. 아무리 허물없는 사이라도 비교와 시기에서 벗어

270

나긴 쉽지 않기 때문이다. 친구와 나를 끊임없이 비교하고 친구를 시기하기 시작하면 마음이 지옥이 된다. 친구를 축복하거나 사랑하지 못하는 건 물론 자신이 친구보다 늘 보잘것없어 보이고 자존감도 낮아진다.

비교하고 시기하는 사람들은 매사가 불만투성이다. 그리고 무엇보다 교만하다. 평생 남을 부러워만 하다가 어쩌다 내 일이 술술 풀리기라도 하면 한없이 기고만장해진다.

긍정적인 질투는 나를 성장시키는 원동력이 되기도 한다. 가까운 친구에게 질투를 느낀다면 나도 열심히 살면 된다. 하지만 시기는 친구의 성공과 행운이 아니꼬운 감정이다. 내게 아무런 도움이 안 되는, 오히려 나를 작고 못나게 만드는 에너지 도둑이다.

시기를 멈추려면 비교부터 멈춰야 한다. '쟤는 저렇게 멋진 옷을 입고 나왔는데 나는….' '쟤 딸은 명문대에 갔다는데 내 딸은….' 이런 식의 '쟤는 저런데 나는…'의 생각 구조에서 벗어나야 한다. 친구에게서 나로 화살표를 돌리지 말고 친구를 있는 그대로 보고 감탄해주자. "오늘 입고 나온 옷, 정말 잘 어울린다." "네 딸이 명문대 갔다며. 참 대단하다!" 마음도 연습하는 대로 움직인다. 이런 연습으로 비교하고 시기하는 마음만 버려도 더는 친구를 잃지 않을 것이다.

친구를 이기려고 하면
잃기 마련이다

아무리 30년 지기라도 갈등은 있기 마련이다. 때로는 말 한 마디가 오해를 부르고 상처를 입힌다. 하지만 우리 넷은 그런 일이 있을 때도 "너, 무슨 뜻으로 그렇게 말하는 거야?", "속으로 은근히 나 무시하는 거 아니니?" 하며 넘겨짚어 따지지 않는다. 친구가 나쁜 뜻으로 그런 말을 했다고는 생각하지 않기 때문이다. 설령 그런 뜻이 조금은 있었다고 해도 조만간 사과할 걸 알고 있다.

내가 마음을 준 친구라면 말 한마디에 시시비비를 따지면서 깐깐하게 굴 필요는 없다고 생각한다. 사람 이기려고 하면 사람 잃는 법이다. 조금 서운해도 저러다 말겠지, 곧 미안하다고 사과하겠지, 내가 힘들다고 손 내밀면 잡아주겠지 하면서 믿고 기다려주는 느긋함이 필요하다.

둘째 언니 어록 중에 내가 가장 좋아하는 말이 있다. "남의 잘못을 많이 봐주는 사람일수록 자존감이 높다." 그러고 보면 자존감은 높이는 게 아니라 넓히는 게 맞는 것 같다. 특히 친구 사이일수록 내 자존감을 높이 세우기만 할 게 아니라 때로는 넓게 펼쳐 감싸고 덮어줄 줄 알아야 한다.

함께 나이 들기보다
함께 성장하는 친구

우리 넷은 새로운 일에 도전해 격려가 필요한 친구가 있으면 누군가의 집에 모여 1박 2일 합숙을 한다. 각자 한가득 싸온 음식을 풀어놓고 술도 못하면서 기분 내려고 와인도 한 병 딴다. 이후로는 덕담 대잔치가 열린다. 서로 예쁘다고 칭찬도 하고, 무조건 잘했다고 치켜세우고, 잘할 수 있을 거라며 응원도 한다. 그렇게 속성으로 자존감을 충전하고 나면 정말로 힘이 솟고 용기가 난다.

친구들 모두가 동시에 꽃길을 걷는 때는 잘 없다. 일이 술술 풀리는 친구가 있는가 하면, 꽉꽉 막히는 친구도 있다. 그러면 일이 잘되고 있는 친구가 그렇지 못한 친구를 앞에서 끌어준다. 몇 달 뒤 상황이 바뀌면 이번에는 다른 친구가 앞으로 나와 나머지 친구들의 손을 잡아 이끌어준다. 그렇게 우리는 함께 앞으로, 앞으로 나아간다. 같이 성장한다.

30년 지기 친구들의 얼굴에서 내 얼굴을 본다. 그 주름살에 깃든, 우리가 함께 울고 웃은 세월을 본다. 이들과 함께 성장하고 늙어갈 수 있어서 참 다행이다.

나의 사랑,
나의 젤리뽀에게
보내는 편지

한번은 생방송 중에 맵고 뜨거운 국물을 후루룩 떠먹다 그만 사레가 들렸다. 한참을 캑캑거리다가 "에고, 몰래 먹다가 사레들렸네." 하고 아무렇지 않게 넘겼다. 나중에 생각해보니 그날 나는 수많은 젤리뽀 님 앞에서 너무도 자연스럽게 행동했다. 생판 모르는 사람 앞에서 그랬다면 무척 창피하고 민망했을 것 같다.

내가 생방송에서 이렇게 편하고 자연스러울 수 있는 건 내 채널의 구독자 젤리뽀 님들이 '생판 모르는 사람'으로 여겨지지 않기 때문이다. 어지간한 실수는 넓은 마음으로 이해해주리라는 걸 알기 때문에 친한 친구들 앞에서 실수했을 때처럼 '이 정도야 뭘' 하는 마음이 드는 것이다.

처음 영상을 찍을 때는 카메라 앞에 서는 게 너무나 두려웠다. 카메라에 내가 어떻게 비칠지 자신이 없었다. 그런데 이제는 카메라가 젤리뽀 님들의 눈동자처럼 느껴진다. 피곤해서 쓰러질 것 같은 날에도 카메라 앞에만 서면 절친 앞에서 수다 떠는 듯 신이 나고 기운이 솟는다.

젤리뽀 님들을 보면 나와 나이대가 비슷하고 성별도 같아 통하는 것도 많고 취향이나 성향, 가치관의 결이 참 비슷하다는 것을 느낀다. 4060 여성의 삶은 사람 수만큼 다양한 동시에 놀랄 만큼 비슷하기도 해서 끈끈한 동지애랄까, 아무튼 강한 공감대가 형성된다. 그리고 무엇보다 내 영상에 달리는 댓글들이 너무나 생생해서 젤리뽀 님들의 이미지가 또렷하게 떠오를 수밖에 없다. 그래서 우리는 짝사랑이 아니라 인격과 인격이 만나 서로를 알아가고 지지하고 응원한다.

'다람쥐 쳇바퀴 돌듯 의욕도 에너지도 없던 삶이 뽀따TV를 만난 후 활력으로 빛나고 있어요.'

'뽀따 언니 덕분에 나를 사랑하며 소중히 여기게 되었어요.'

'뽀따TV를 만난 후부터 간헐적 단식을 하고 메이크업을 시작했어요. 그간 미뤄오던 공부도 시작했고요. 모든 면에서 새로운 의욕이 생겼습니다.'

눈물 없이는 읽을 수 없는 댓글과 DM들이 많이 있다. 내 앞에 그들이 있다면 애썼다고, 고생 많았다고 꼭 껴안고 등을 두드려주고 싶다. 그리고 나도 고백하고 싶다. 고맙다고, 사랑한다고, 나도 젤리뽀 님들 덕분에 나를 더 사랑하게 되었다고.

우리가 함께 걸어갈
모든 시간을 위해

유튜브를 시작한 첫해에는 수입이 형편없었다. 생계유지도 어려운 절박한 상황이었지만 포기하지 않고 버틸 수 있었던 건 젤리뽀 님들의 응원과 사랑이 있었기 때문이다.

그 고마운 마음에 조금이나마 보답하고 싶었다. 4060 여성들의 고단하고 지친 마음을 달래고 꺾인 무릎을 일으켜 세울 수 있다면 뭐라도 하고 싶었다. 나 또한 자동차가 내 앞을 쌩 지나갈 때마다 '나 좀 치고 가지' 하며 한숨을 길게 토해내던, 삶이 무겁고 힘겨운 시절이 있었다. 그 어두운 터널에서 막 빠져나온 사람으로서 아직도 터널 안을 걷고 있을 여성들에게 진한 공감과 뜨거운 응원을 보내고 싶었다.

내가 유튜브 댓글과 인스타그램 DM을 빠짐없이 읽고 답장하는 이유가 여기에 있다. 그들의 외로운 마음에 온기가 돌고, 지친 얼굴에 미소가 떠오르길 바라며 내 마음을 새기듯 휴대전화 자판을 꾹꾹 누른다. 젖먹이 아기와 종일 집에 있어 지친다는 30대에게는 친근하면서도 경험 많은 옆집 언니가 되고, 자식도 남편도 내 맘을 몰라줘 외롭다는 60대에게는 애교 많고 살가운 막냇동생이 되고, 갱년기라 우울하고 여기저기 아프다는 50대에게는 다정한 30년 지기 친구가 되려고 한다. '사명감'이라면 거창하게 들릴지 몰라도 내게는 그런 마음이 곧 사명감이다.

가장 기억에 남는 두 통의 사연을 발신자 허락을 받아 공유한다. 각각 영국과 미국에서 보내온 사연이다. 분량이 길어 축약해 실을 수밖에 없었음을 이해해주길 바란다.

안녕하세요. 뽀따 언니. 저는 영국 사는 젤리뽀예요. 뽀따 언니에게 감사 인사를 드리려고 댓글 남겨요. 영국에서 남편 혼자 버는 걸로는 생활이 힘들어서 헤어 미용 기술을 배웠어요. 결혼해서 연년생 아이들 키우며 전업주부로 8년 살다가 이 나이에 새로운 공부에 도전하려니 설레면서도 두려웠어요.

힘들게 공부를 마치고 4개월 전 운 좋게 미용실에 취업했습니다. 그런데 경험이 부족해선지 손님들을 만족시키기가 쉽지 않았어요. 손님과 스태프들 앞에서 보스에게 야단을 맞을 땐 너무 창피해서 세상에서 사라지고 싶다는 생각마저 들었어요.

그러던 중 뽀따 언니의 헤어 영상을 봤어요. 언니에게 배운 뿌리 살리는 법, 컬 예쁘게 잡는 법 등을 손님들에게 적용해보기 시작했죠. 결과는 대성공! 뽀따 언니, 너무 감사해요. 앞으로도 멋지게 성장하는 모습 보여드릴게요. 고맙습니다.

뽀따 언니, 안녕하세요. 저는 미국 사는 서른 살 여성이에요. 중학교 마치고 미국에 와 정말 정말 노력해서 원하는 대학교에도 가고 로스쿨도 가서 지금은 변호사 3년차예요. 처음에는 마냥 좋았는데 유능한 동료 변호사들과 일하다 보니 아무리 최선을 다해도 제가 너무 무능하다는 생각이 들었습니다. 게다가 동료들과의 문화 차이도 무시하기 힘들고…. 이런저런 이유로 출근하는 게 점점 힘들어졌어요.
얼마 전 회사에서 부정적인 리뷰를 받은 이후로 이직을 준비하고 있습니다. 화도 나고 부당하다는 느낌도 들어 가슴에 벽돌 하나 얹힌 기분이었는데, 뽀따 언니의 '갱년기 마음 마사지' 영상을 보고는 눈물을 한 바가지 쏟고 다시 힘을 얻었어요. 더는 남은 에너지가 없다고 생각했지만 다시 힘내서 잘해볼 수 있을 것 같아요. 진짜 진짜 감사해요.

더 멋지게 성장하는 모습 보여주겠다고 다짐해줘서, 다시 힘내보겠다며 희망을 전해줘서 너무나 고마웠다. 이런 사연을 보면 마음이 너무 벅차올라 편히 앉을 생각도 못 하고 침대 발치에 엉덩이 끝만 간신히 붙이고 앉아 서둘러 자판을 누른다.

이 책의 마지막은 당연히 이제껏 뽀따를 사랑해준 모든 젤리 뽀 님에게 보내는 편지여야 한다고 생각한다. 할 말은 많지만 고르고 또 골라 마음을 표현해본다.

젤리뽀 님, 지금까지 살아온 삶이 때로는 후회스럽고 때로는 가슴 아프겠지만 뽀따는 알고 있어요. 여러분이 잘살아왔고 잘 하고 있다는 걸요. 그러니 외로워 말아요. 슬퍼하지도 말아요. 지치고 낙심했더라도 다시 일어서면 돼요. 다시 용기 내봐요. 여러분은 혼자가 아니니까. 뽀따와 20만 젤리뽀 님과 함께니까. 그렇게 우리 서로를 응원하고 격려하고 사랑하면서 같이 걸어 가요.

미국의 시인 에밀리 디킨슨이 이렇게 말했다고 해요. "우리 는 세월이 흐르면서 늙는 것이 아니라 매일 새로워지는 것이 다." 뽀따는 이 말이 참 좋네요. 나이 듦을 서러워하는 대신 나 날이 새로워지는 뽀따가 되고 싶어요. 나날이 새로워지는 우리 젤리뽀 님이 되었으면 좋겠어요. 같이 성장하고 함께 내면도 외 면도 아름다워지고 싶어요.

마치 〈전원일기〉나 〈전국노래자랑〉처럼 아주 오래오래 젤리 뽀 님 곁을 지키는 뽀따TV가 될게요. 가장 좋은 친구로, 언니 로, 동생으로 아픈 눈물 닦아주고 쓰린 상처 위로하며 그렇게 끝까지 젤리뽀 님 곁에 있을게요.

나의 사랑, 나의 힘, 나의 선물, 젤리뽀 님! 젤리뽀 님은 뽀따의 인생에 축복이고 사랑이고 마음에 깊은 부요입니다. 우리, 가진 것 많지 않아도 서로 위로하고 응원하고 진심으로 사랑하면서 혼자가 아닌 것을 감사하며 살아요. 그런 우리로 하나가 되어 같이 나이 들어가면서 오래 낙심하지도, 깊이 슬퍼하지도 말고 살아요. 함께라는 힘이 우리를 변화와 성장의 길로 곧장 걸어가게 해줄 거예요. 그 변화와 성장을 서로 지켜보고 마음을 다해 응원할 수 있는 우리라서 뽀따는 참 행복합니다. 참 감사합니다.

젤리뽀 님이 너무 자랑스럽습니다.